Conversaciones:

RELATOS DE PADRES Y MADRES DE HIJAS LESBIANAS E HIJOS GAY

Recopilación y redacción de
Mariana Romo-Carmona

CLEIS
PRESS

Published in the United States by Cleis Press Inc.,
P.O. Box 14684, San Francisco, CA 94114.

Printed in the United States.
Cover design: Scott Idleman
Cleis Press logo art: Juana Alicia
First Edition.
10 9 8 7 6 5 4 3 2 1

Las siguientes piezas fueron traducidas al español,
en parte o completamente, del original en inglés
por Mariana Romo-Carmona: *Evelyn Mantilla;
Juana Berinstein; Vero habla por su hermano, Juan;
Ray Pifferrer; Finalmente; Nelson González; Sobre
mi hijo; Emy Martínez.*

Library of Congress Cataloging-in-Publication Data

Conversaciones : relatos de padres y madres de
hijas lesbianas e hijos gay / recopilacion y
redaccion de Mariana Romo-Carmona.
    p. cm.
  ISBN 1-57344-126-0
  1. Coming out (Sexual orientation)—Latin
America—Case studies. 2. Gays—Latin America—
Family relationships—Case studies.
I. Romo-Carmona, Mariana, 1952–
  HQ76.3.L29 C66 2001
  306.76'6'098–dc21
                2001042246

Conversaciones:

RELATOS DE PADRES Y MADRES DE HIJAS LESBIANAS E HIJOS GAY

DEDICATORIA

A la memoria de Robert García

Este libro está dedicado a todas las personas que se han atrevido a dar un pequeño paso para combatir la homofobia en las comunidades latinas... que han hablado con orgullo sobre un hijo gay, o una hija lesbiana... que han abierto los brazos cuando un hijo, un sobrino, un hermano, o un amigo les ha dicho que aman a una persona de su mismo sexo... que han llevado un panfleto con información sobre la gente gay a su iglesia o a su templo, para que otros se enteren... que se han opuesto a la homofobia tan común y aceptada en nuestra cultura, simplemente con decir—"Yo no pienso así."

Con estos pequeños gestos cada uno de ustedes ha logrado algo inmenso y muy hermoso: han ayudado a cambiar el mundo.

AGRADECIMIENTOS

Sin duda, este libro no se habría realizado sin el apoyo y la fé de mucha gente, y aquí se les agradece de todo corazón. A todos los contribuyentes de estas conversaciones, sin cuya amabilidad y paciencia no tendríamos sus palabras. A las editoras de Cleis Press, Frédérique Delacoste y Felice Newman, quienes tuvieron la idea de publicar un libro como éste, por su solidaridad y generosidad. A tatiana de la tierra, que me habló de la posibilidad de editar este libro. A mi madre, Adriana Carmona de Romo, quién desde un principio no tuvo duda que se iba a completar este proyecto. A mi compañera de vida, June Chan, por todo su cariño y apoyo. A Silvana Bazet en Canadá, por insistir que su amiga Juana conversara con su madre y me llamara por teléfono. A Nila Marrone, por su incansable trabajo solidario en PFLAG en Español, que me puso en contacto con con Ileana y Leonor. A Jim Hubbard, que amablemente me puso en contacto con su compañero, Nelson, y su suegra, Gladys. A Andrés Duque, por distribuir la información sobre el libro por correo electrónico. A Marielena Fina, por su apoyo y por los contactos en Washington D.C. A las organizaciones GLLO – San Diego, y *LLEGÓ*, por su reconocimiento de la valiosa labor que aquí se desempeña, especialmente su director, Martín Ornelas-Quintero, Tanya Headley, y Silvia Evans. A Ibis Gómez-Vega, editora estilística, por la cuidadosa y atenta revisión de este manuscrito. Y a las siguientes personas por su interés, su apoyo, sus ideas, y su ayuda: Daisy de Jesús, y su hermano, José de Jesús, Sarah Schulman, María Cristina Vlassidis, Loly Carrillo, Juanita Díaz, Louis Ortiz, Julio Dicent Taillepierre, Teresa Sánchez-Cornejo, Toni Puente, "Lori5672," Jorge Mario Cabrera, Yvette Peña, Ahuilda Peña, Luis Viquez, Edgar Rodríguez, Irene Pantelis, y mi senpai, Carmen Rosario.

...y a los que ya no caminan en la tierra, pero cuyo espíritu no deja de guiarnos en nuestro camino.

CONTENIDO

Llegando al nuevo siglo (con las maletas del pasado). Como se formó este libro.

PRÓLOGO

La historia de *Conversaciones* es un cuento como todos los cuentos; no tiene comienzo definido y tampoco tiene punto final.

Me recuerda el cuentito que le contaba mi abuelo a mi mamá cuando era pequeña, y que, años después, ella me contaba a mi: *"Esta era una vez un alemán y un inglés. El alemán sacó su espada, ¿cree usted que lo mató?"*

"¡Sí!" Gritaba yo.

"No, señor. Yo se lo diré. Esta era una vez un alemán y un inglés..."

"¡No!" Gritaba yo. Pero el cuento comenzaba de nuevo y no se acababa nunca.

Cuando yo era pequeña, de tres o cuatro años, no me cansaba de tratar de encontrar el final—o el principio—de este cuentito. Por más impaciente que me ponía, no me daba por vencida, y mi madre seguía la broma. El objeto de la repetición era como un trabalenguas para practicar y reirse, mientras ella se dedicaba a los quehaceres de la casa y yo la seguía, importunándola y rogándole que me contara el cuento otra vez.

Las historias de familia también se cuentan muchas veces, porque disfrutamos de pasarlas a los hijos y a los sobrinos, y después a los nietos y biznietos. Pero a veces, claro está, aquellas historias de la valentía de un bisabuelo, de la belleza de una abuelita, o de las picardías de un primo que hacían reir a toda la familia, no lo dicen todo. Nadie le cuenta a los niños acerca de la tía lesbiana que fue enfermera y piloto en la fuerza aérea, o del buen corazón de un primo hermano, que además de ser director de un colegio, es un hombre gay.

Tal vez, es allí donde comienza este libro, *Conversaciones*.

Pero tal vez, comienza con este cuento: Cuando mi amiga Graciela fue a visitar a su padre en Puerto Rico, en los años '80, Graciela quiso contarle que se encontraba muy feliz porque se había enamorado por primera vez. Pero su primer amor también era su mejor amiga, y Graciela no hallaba cómo decírselo a él. Una vez que Graciela volvió a Nueva York, el padre se quedó muy pensativo.

Un día, él llama a su hija Carolina, la más joven, que se ha criado hablando mayormente en inglés, y le pregunta:

"Oyeme, Carolina. ¿Alguna vez te ha dicho Graciela que ella es *pata*?"

"Pero, Papi," le contesta Carolina sin perder un segundo. "Why would Graciela tell me she's a *duck*?" (¿Por qué me diría Graciela que ella es un *pato*?)

Creo que es aquí donde comienzan las *Conversaciones*.

Cuando comencé a planear mi trabajo de editora, traté de imaginarme cuál sería el contexto de un libro sobre culturas tan diversas como las nuestras. Se trataba, nada menos, que de entrevistar los padres de gente lesbiana y gay. Un libro así debe tomarle el pulso a las vivencias de las comunidades hispano-hablantes en los Estados Unidos, en Canadá, los individuos y las comunidades latinas, caribeñas, chicanas, etc., cuyo carácter es imposible de generalizar, pero que, sin embargo, hace que muchos de nosotros nos reconozcamos en cualquier parte del mundo. De hecho, la familia o la comunidad típica latina no existe. Nuestra experiencia sobrepasa razas, religiones, clases, colores, y continentes.

A pesar de todo, estaba segura de que la creación de un libro de esta índole tendría algún sentido transcendental, aunque fuera para que futuras generaciones de jóvenes homosexuales y bisexuales no fueran expulsados de sus hogares o intentaran el suicidio con la misma regularidad con que lo hacen hoy en día. Pero, ¿cómo llegar a conversar acerca de la orientación sexual de un hijo o una hija en una comunidad en que se habla de todo, en que se discute cualquier cosa a la hora de la comida, ya sea religión o política, con la misma pasión y el mismo entusiasmo, menos *eso*? Eso. ¿Como hablar de *eso*?

Para empezar, pensé que dentro de las familias de los activistas que conocía, encontraría personas más dispuestas para conversar conmigo, y contribuir al libro. En efecto, por la mayor parte, así fue.

Comencé enviando anuncios por correo eletrónico a muchas organizaciones sociales. También hablé con amigos con los cuales había compartido muchos proyectos. Me puse en contacto con Las Buenas Amigas, Latino Gay Men of New York, LLEGÓ, y muchos individuos que había conocido a lo largo de los años. Además, cada vez que daba una lectura de mis libros o presentaba en un panel de alguna conferencia o congreso, me ocupaba de distribuir volantes con información sobre el libro.

Así, finalmente, pude llegar a conversar con muchas madres, y algunos padres y hermanos. A veces, la entrevista era a larga distancia, por teléfono, otras se dieron a cabo en persona, ¡aún en mi propio vecindario! A veces, yo era la que llamaba para introducir el proyecto del libro, pero otras veces, alguien que jamás había conocido me llamaba para ofrecer su ayuda. Estas ocasiones fueron conmovedoras, y por supuesto, inolvidables.

En una de estas ocasiones, me encontraba entrevistando a una señora muy simpática, madre de tres hijos, que vive en California. Daba la casualidad que se encontraba de visita en casa de su hija en NuevaYork, y allí estábamos, sentadas a la mesa de la cocina con la grabadora entre nosotras.

La conversación concluía con unos últimos comentarios: ¿Qué había esperado usted para su hija? Todas las madres me habían hecho presente cuanto querían a sus hijos y cuanto añoraban que fueran felices. Pero esta madre, en particular, también me había confiado que aunque aceptaba a su hija con los brazos abiertos, a pesar de la oposición del resto de su familia, ella no lograba comprender el porqué de su orientación sexual. La veía feliz en su relación con su compañera de vida, pero, me decía que al mismo tiempo no comprendía cómo era posible.

Recuerdo que me pareció entonces, que aquella madre, una mujer buenamoza, de unos 60 años, muy activa y muy envuelta en su comunidad, había dicho en voz alta lo que muchos padres sentían pero no hallaban cómo preguntar. En ese momento, como si leyera mi mente, esta señora me preguntó:

"Ahora, cuéntame de tí. ¿Cuál es tu historia, y cómo llegaste al día de hoy?"

Muchas, muchas gracias por preguntar.

Me propuse entonces, a manera de encabezamiento, contar aquí mi historia, para empezar yo misma el diálogo, y para dejar un récord de cómo he llegado a este proyecto, como inmigrante, escritora, y madre lesbiana latina. Soy lo que demasiada gente considera diferente, y por eso me adentro a conversar con mi propia gente sintiéndome aislada por mi experiencia. Más mi esperanza es que al llegar al final de la recopilación de este libro, ese aislamiento se haya desmoronado parte por parte.

Siendo muchacha en Chile, mi país de origen, yo sentía admiración por el pasado que encontraba en libros, por los artistas, los escritores, las feministas, gente que en mi imaginación vivía vidas intelectuales, revolucionarias, y llenas de aventuras. Me fascinaban los protagonistas de movimientos sociales que, con sus intrépidas ideas, contribuyeron a cambiar el mundo. Leyendo y soñando en los años sesenta, en el tranquilo barrio semi comercial de Santiago antiguo donde vivíamos, me preguntaba si alguna vez conocería a tales personas. Me parecía entonces que aquella gente que debatía ideas y conceptos de derechos humanos en recónditos cafés llenos de humo y de vino en algún lugar del mundo, era algo excepcional. ¿Cómo habían llegado a hablar del amor libre, de la igualdad de las razas, de la opresión de la mujer, de los derechos de los niños en aquel tiempo? Eran los tiempos en que las mujeres llevaban vestidos largos y vivían ensalsichadas en corsets apretadísimos. ¿Cómo habían llegado a tales ideas en épocas en que los médicos todavía hablaban de que el cuerpo femenino no era más que un cuerpo masculino al revés, pues no sabían lo que era una mujer? En esos tiempos, solamente *el hombre* se consideraba como modelo del ser humano. Y yo me preguntaba, ¿cómo era posible que mujeres como aquellas se atrevieran a vivir solas, o sin la virtud del matrimonio con hombres de lentes y barbas, mientras invitaban a su madre y a su tía a tomar el té?

Con todo esto, jamás me imaginé que pocos años después de emigrar a los E.U. con mis padres me encontraría yo misma en situaciones similares a las que tanto me intrigaban. Los cafés de mi época también estaban llenos de humo, es cierto, pero mis contemporáneos ya no tomaban mucho vino. Aunque en el campus de la Universidad de Connecticut donde yo pasé muchos años como estudiante, las manifestaciones contra la guerra de Vietnam ya cesaban, quedaba algo en el aire. El énfasis de la energía estudiantil se dirigía a prevenir la proliferación de los reactores nucleares, pero también existían protestas contra el abuso y la objetización de la mujer en los años setenta, y fue por esa fecha que oí decir por primera vez que el amor también podía cruzar las barreras del género y que los homosexuales y lesbianas tenían derechos humanos igual que todo el mundo. Y sin pensar que todo esto tenía nada que ver conmigo, un buen día, me reconocí como lesbiana, a los veinte y tres años, siendo una joven mujer casada, estudiante, y madre de un hijito de dos años.

No podría contar brevemente el proceso que me llevó de ser una persona joven, con las típicas aspiraciones idealistas de luchar por un mundo mejor, a ser una madre que se encontraba casi sola en primera fila luchando por el simple derecho de "mantener visitación" con su único hijo. Quería solo mantener el derecho de ser su madre, de ser reconocida como la madre que fui, un hecho indudable, a pesar de que algo básico había cambiado en mi vida. Mi derecho a ser madre fue repentinamente catalogado como alguna concesión especial que se le daba de caridad a una persona al margen de la sociedad. De un día para otro pasé de un estado legítimo en la sociedad como mujer casada y madre de un hijo a un estado que ni siquiera se mencionaba excepto en paréntesis.

Me casé muy joven, a los diecinueve años, con un compañero de la universidad en la época en que la mayoría de la juventud ni se casaba ni se envolvía en relaciones exclusivas. Mi esposo era un joven muy simpático, dos años mayor que yo, de una familia norteamericana irlandesa, cuyo carácter siempre me atrajo por su aparente ecuanimidad y fácil disposición. Hoy, casi treinta años mas tarde, me es más facil reconocer que mi ingenuo romanticismo me dio el impulso para creer que nuestras ideas lo iban a resolver todo, y que podríamos forjar una vida juntos basándonos simplemente en el entusiasmo de nuestro propósito. Si me desvelaba a veces la sospecha que nuestro cariño carecía de algo importante como el sentirnos perdidamente enamorados, me consolaba con que mi voluntad férrea haría de nuestra unión un éxito.

Casi cuatro años pasaron de manera tranquila, pero éramos más amigos que amantes. Durante ese tiempo descubrí dentro de mi cualidades que no sospechaba. Me gustaba tomar cargo de las cosas, y de alguna manera, era yo la que dirigía los pasos de nuestras vidas, coordinando la vida social y la de nuestro hogar, encargándome de todos los detalles necesarios de nuestra cotidianidad. Mi esposo no se interesaba por participar más activamente, con tal de que se le reservara a él la prerrogativa de la última palabra. Una realidad alucinante se me hacía presente, y era que a pesar de mis aspiraciones idealistas, me había transformado en una mujer chilena modelo, que apoyaba uno por uno los pasos de su compañero hasta el punto de trocar su propia educación por la de él. Efectivamente, cuando mi esposo no pudo pagar por el resto de sus estudios, yo le entregué sin preguntas mi préstamo escolar y me retiré de la universidad.

¿Cómo llegué a ese punto? He dicho que me es más facil recordarlo ahora y admitir los errores que cometí por la impulsividad y la falta de experiencia, pero como todos los jóvenes, sabía poco sobre la naturaleza del amor en las relaciones humanas. Pienso ahora que tal vez aquel fue mi destino y aquellas eran las lecciones que me tocaba aprender en la vida, duras como fueren. Pero la verdad es que nada de esto es fácil. Era el 1974. En mi querido país, Allende había caído y las noticias de la televisión me traían todos los días el horror por el que pasaba mi gente. Los muertos se multiplicaban como si la vida de un chileno no valiera nada. Pronto, en las calles de Washington D.C., se añadirían dos muertes más a los de miles de chilenos que se habían convertido en víctimas de la dictadura. Yo, a pesar de mis estudios y mis sueños, me sentía perdida en los Estados Unidos mientras que mis padres batallaban con el idioma y con la soledad tan grande que crea el exilio, sin tener el apoyo de una comunidad latina. No vivían ni en Nueva York, ni en Chicago, ni en Los Angeles. No lo comprendí entonces, pero lo mismo mis padres que yo estábamos solos, tratando de hacer una vida nueva en un mundo que no conocíamos y que no nos abría exactamente los brazos.

A veces, intentando escribir unas palabras que me explicaran a mi misma, habitaba sola unas luces vespertinas que me recordaban algún anochecer sudamericano, y reconocía entonces lo muy aislada que me sentía. Lo enajenada. Mi matrimonio era un error que ya no podía corregir. Me podía marchar, pues para eso tenía pies, pero no lo hice. No sé por qué. Tal vez el sentirme sola me causó miedo, ya que sabía que de toda la gente que conocíamos mi esposo y yo, nadie en realidad me conocía a mi. La mayor parte de la gente me veía como algo exótico, aunque ellos mismos no sabían dónde quedaba Chile ni les importaba. Mi acento sudamericano era objeto de constante hilaridad, y mi esposo se ofendía cuando yo rehusaba compartir la broma. ¿Qué hacía alli? Por tal de complacerlo hasta me había cambiado el nombre; yo misma no me conocía. Pero no me iba. ¿Por qué tenía que ser tan tozuda y no me marchaba? Nunca llegué a responder mi pregunta, pero al cabo de largo tiempo de vivir en esa incertidumbre, nació mi hijo.

Ya se ha dicho que lo singular de la experiencia humana es nuestra fascinación con nuestro propio desarrollo, especialmente nuestra capacidad de adaptarnos a circunstancias inverosímiles, con razonamientos y argumentos de la misma calidad. Cuando mi hijo nació, mi mundo se transformó radicalmente, pero también se transformó para su padre, en cuyos ojos ví por primera vez un cariño que transcendía o parecía capaz de transcender cualquiera limitación. La existencia de mi hijo fue capaz de transportar y elevarnos a ambos, su madre y su padre, a un estado de ánimo plenamente feliz en que no necesitábamos nada más que otorgarle nuestro cariño. Y con ese plan positivo pasó el tiempo hasta que mi hijo cumplió los dos años de vida.

A pesar de que ya me había dado cuenta de que yo no estaba enamorada de mi marido, reconocí el buen sentido de nuestra unión, de la calidad productiva de nuestros proyectos, y más que nada, del hecho que mi hijo florecía en su niñez con una madre que hacía todo por él y un padre indulgente que lo miraba con orgullo. De nuevo sentí que mi papel de madre me definía y causaba que surgiera en mi toda la capacidad de amar y de crear un hogar con inesperada confianza. Me parecía que de repente me había convertido de muchacha en mujer, de joven estudiante en madre con firme propósito, y con una identificación sólida en toda la tradición chilena y latina de mi familia, de mi cultura. Me sentí segura de mi misma por primera vez en mucho tiempo, aunque a mi alrededor pocos me conocieran.

Mientras mi hijo dormía apacible en las madrugadas de Nueva Inglaterra, yo me sentaba a su lado a escribir ideas que luego deshechaba. Aunque me sentía segura como madre, no me alcanzaba todavía el valor para escribir. La sensación de destierro se hacía sólida con la luz del sol, y no quería verla. Tiempo después, en un día cualquiera, me reconocí cambiada, diferente. Pasé por un umbral que me parecía familiar, algún pasaje conocido en sueños, en imágenes movedizas como arenas que una vez captadas en la retina se tornaban sólidas. Yo era la misma persona de antes pero finalmente, ineluctable, me había completado. Me enamoré de una mujer.

No es necesario dar detalles, pues todos hemos pasado por esta experiencia de estar enamorados. Pero lo importante e instructivo es explicar que cuando un ser humano se encuentra en este maravilloso estado de ánimo también ocurre una reintegración que refuerza y renueva el espíritu de la persona. Cuando se trata de que la persona se encuentra finalmente reflejada en el amor de un semejante, siendo lesbiana como yo, la experiencia es una de llegar a comprender el mundo en que uno vive. Es dificilísimo explicárselo a la persona que no ha sentido nunca que el objeto mismo de su amor está equivocado, ya que nuestra sociedad rehusa legitimar la existencia de los seres como yo. Pero a eso se debe el que debamos derribar una barrera inmensa cuando nos atrevemos a amar las personas de nuestro propio sexo, aunque el mundo diga lo contrario.

Gracias a esta afirmación fundamental, pude sobrellevar la crisis, no solo la de la disolución de mi matrimonio sino que la de la pérdida de los derechos legales de custodia sobre mi hijo. Esto significó simplemente que, a pesar de que yo era su madre, perdía el derecho de tenerlo conmigo, de criarlo, de dirigirlo, y de verlo sin que las leyes del estado dirigieran mis pasos .

La decisión de terminar el matrimonio fue mía. Tan pronto me enamoré de una mujer me reconocí como lesbiana y compartí con mi familia y con mi esposo el cambio tan grande por el que estaba pasando. Ingenuamente, no se me ocurrió que la verdad, aunque dura, iba a tener consecuencias inesperadas y probablemente injustas. Yo estaba preparada para resistir el rechazo social hasta cierto punto, pero nunca esperé que aquel compañero en el cual confiaba se tornara vengativo y me quitara el derecho de ser madre. No esperaba que le quitara a su propio hijo el derecho de crecer con su madre—con su madre que estaba viva, sana, y dispuesta a compartir su vida con él. Desgraciadamente, así fue. A medida que se desarrollaban las cosas, mi ex-marido me forzó a otorgarle custodia exclusiva de nuestro hijo a él, bajo promesa de que no me privaría de visitas con el niño cuando quisiera, pero también bajo la amenaza de que me "arrastraría por las cortes" por ser lesbiana, a mi y a mi hijo, si yo no estaba de acuerdo.

Todo esto sucedió en 1976. Las cortes en el estado de Connecticut eran ultra conservadoras, y yo no tenía los recursos para oponérmeles. Intenté conseguir abogados que me apoyaran, pero ninguno se comprometió a tomar el riesgo de defender a una madre lesbiana que admitía abiertamente su orientación sexual Tampoco quise montar una campaña para calumniar al padre de mi hijo, o para intentar privarle a mi hijo el derecho de ver a su padre o a su familia paterna. No era justo, y todavía considero que actué con entereza moral, pero el resultado fue una pérdida que todavía sufro.

Muchas veces he pensado en la imposibilidad de catalogar mi experiencia de esos años. Como inmigrante de un país latino americano, ya me había dado cuenta del racismo hiper-consciente del color que existe en este país, a pesar de que también tiene una historia que es completamente multiracial y multicultural. De a poco, analizaba la histeria racista de esta sociedad y la comparaba con mi historia. No me tomó mucho tiempo el darme cuenta que mi mayor culpa no fue solamente el ser lesbiana sino que fue también el ser pobre. Si yo hubiera tenido dinero suficiente como para darle batalla a mi ex-compañero y a las cortes racistas de este país, la vida de mi hijo hubiera sido completamente diferente. Se hubiera criado con la madre que lo trajo al mundo.

Pero para mi, el llegar a una sociedad que se presumía libre de clases, aun con la discriminación que se practica contra los latinoamericanos de cualquier color, fue una liberación. Creyéndome invulnerable, me dediqué no solo a recobrar mis derechos de madre sino que a luchar por todas las causas de los derechos humanos.

A medida que mi hijo crecía, viviendo con su padre y su madrastra (¡qué palabra tan horrible!) me daba la sensación de estar parada en el umbral de un sueño, de una pesadilla. Dentro de mi nada había cambiado, como dije, excepto la capacidad de amar y de sentirme completa como ser humano. La dicha de reconocerme como mujer, como lesbiana, como una persona llena de vida me colmaba de energía. Lo que sí había cambiado era la manera en que otras personas se percibían de mi. Además de ser extranjera me convertí en una extraña, solo por reconocer que existía en mi algo que también me definía, mi atracción emocional, espiritual, y física hacia otra mujer.

La existencia de mi hijo siempre ha sido un hecho que me describe—soy chilena, soy de Santiago, me gusta el mar, soy morena, soy lesbiana, soy la madre de un niñito encantador. A causa de que logré definirme a mi misma, me vi forzada a reclamar el hecho de que yo amaba a mi hijo, de que lo había amado y arrullado por nueve meses (y ocho días) y de que lo había traído al mundo como todas las mujeres; el hecho de ser lesbiana no me hacía diferente, pues siendo su madre yo lo amamanté cada vez que depertó llorando, e insomne, vigilé su sueño mientras le susurraba canciones de cuna y oraciones por su vida, su felicidad, su futuro.

Sin mi, mi hijo creció y aprendió a hablar. Me extrañaba mucho, y en las ocasiones en que se nos daban permiso para que pasáramos el día juntos, no se separaba de mi, abrazándome al cuello con sus manitas dulces. Eramos felices, entonces, aunque el corazón se me partía con cada visita porque tenía que contar cada segundo como un reloj ensordecedor que campanaba el tiempo que nos quedaba para estar juntos. Mi hijo reía, comía muchos dulces, y luego le daba dolor de barriga. Correteaba en los parques y se ensuciaba con verdadero esmero. Le encantaba bañarse en la tina con botecitos y mucha espuma. Salíamos al cine o al museo, y él corría por entre las estatuas de Budha o las cotas de malla en la sala medieval— lugares públicos donde podíamos pasar las "visitas" de cuatro o cinco horas que a veces se nos otorgaba. Después, muy cansados, cantábamos canciones que yo le había inventado, él tocando un bongó con un palito de manzano que se había encontrado.

Dije que era el umbral de una pesadilla. Sí. De repente el idilio se trocaba por un panorama de chubascos y nubes y truenos. No exagero. Mientras más disfrutábamos nuestas visitas, y más tiempo pedíamos para pasar un fin de semana o una semana entera para navidad, más se acercaba el crescendo de una sinfonía funébre en que me encontraba en salas de conferencia, sola, enfrentando a abogados, jueces, psiquiatras, trabajadores sociales, el padre, la madrastra, todos abriendo y cerrando bocas amargas que tronaban sentencias acerca de mi vida que no tenían sentido.

¡Se acaba la visitación! ¡Prohibidos los fines de semana!

¡Usted no es capaz de cuidar a este niño!

¡Se le prohibe asociarse con otras mujeres!

¡Se le prohibe asociarse con cualquier actividad organizada que involucre los derechos gay!

¡No se le puede permitir que lleve su hijo a su casa para que no lo contamine con sus influencias gay!

¡No se le permite ver ni a hombres ni a las mujeres gay!

¡Usted no ha probado satisfactoriamente que es capaz de cuidar al niño!

Todo eso me dijeron, y mientras tanto, el padre del niño salía con mujeres en busca de otra esposa quien cuidara a nuestro hijo.

Los años pasaron. Mi hijo creció y llegó a ser tan alto como yo. Ya ni lloraba ni me decia mamá. Mis padres ya no eran abuelos. Mis hermanos no eran tíos. No hubieron nunca navidades ni cumpleaños, solo reuniones apresuradas de pos-navidad y pos-cumpleaños. El veía los regalos solo una vez, porque después, cuando mi hijo volvía al hogar de su padre, los chalequitos de su abuela, los libros que yo inscribía, los juguetes, las tarjetas, todo desaparecía para no ser vistos jamás. No, ya no eran pesadillas. Eran fábulas, solo que sin hadas, sin varitas mágicas, sin redención después de largos peregrinajes.

Yo tampoco lloraba. No, es verdad que lloraba, pero esas no eran lágrimas de pena o de alivio, sino que de completa demoralización. De vivir en el vacío. Ya ni puedo articular de qué se trataba ese dolor porque ahora mismo se me cierra la garganta y se me nublan los ojos y no puedo seguir. Pero lo importante es que nuestra familia entera se transformó. La homofobia es un fenómeno social poderosísimo, y nos convirtió en personas conscientes de que un suceso obviamente ilógico nos había despojado del cariño de una parte de nosotros mismos. ¿Cómo es posible explicar que una familia puede perder un niño o que a una madre se le niegue el derecho de querer y ver crecer a su propio hijo por el sólo hecho de que su amor es prohibido?

Recuerdo muy claramente el día en que, cuando mi hijo tenía 13 años, hablamos él y yo de nuestra separación. Estábamos en un shopping mall en Boston, la ciudad a donde se había mudado su padre. Yo también me tuve que mudar para allá, aunque no me alcanzaba el dinero para pagar las altas rentas de esa ciudad, pero lo hice intentando estar siempre cerca de él, para poder visitarlo, para poder verlo crecer. Nos arrimamos a la baranda de una apertura en el segundo piso del complejo que delectaba a los transeúntes con su estética arquitectónica. Del cielo raso colgaban grandes palomas de papel que decoraban el ambiente para Navidad; mi hijo y yo estábamos callados.

"Te quiero hablar," le dije. El ya lo sabía.

"Sí, ya me imagino," me dijo con una voz de trece años pero con una frialdad adulta. Tenía el pelo castaño claro, los ojos cambiando de pardos a café claro, las cejas como las mías, oscuras, rectas, la pera con una margarita igual que mi familia. El resto, todo su parecido al padre.

"Es acerca de cuando tu padre y yo nos separamos," continué. Mi hijo seguía impasivo. Y le conté la historia, diciéndole más que nada cuánto lo quería, cuánto lo queríamos ambos su padre y yo. Y le aseguré que aunque hubo un tiempo en que su padre y su madrastra trataron de convencerlo de que yo no era su madre, sino una amiga, yo nunca, nunca, dejaría de ser su madre.

Le traté de explicar que el hecho de que yo ame a una mujer no cambia lo que soy. "Siempre soy tu madre y eres lo que más quiero en el mundo."

La brisa de los ventiladores agitaba las palomas de papel.

"Bueno," dijo el niño finalmente. "Me alegro que me lo dijiste, porque era preciso que se dijera."

Y nada más.

No fue hasta que este niño cumplió los diecinueve años, y estaba en la universidad en Nueva Orleans que se rebeló y vino a vivir conmigo en Nueva York, por dos años. Solo entonces hablamos. Lloramos. Nos abrazamos de veras. Pero para ese entonces, mi hijo ya era un hombre.

Hoy me encuentro con la tarea de acercarme a padres y madres como los míos, para preguntarles qué piensan y qué sienten acerca de sus hijos que, como yo, han decidido amar un amor prohibido. Esta historia no se ha relatado todavía, y es posible que una vez que yo reúna sus voces en una antología de tapas de cartón como todos los libros, habrá gente que no quiera acercarse a leer sus páginas. Es posible también que el libro no incluya los relatos de aquellos padres que expulsaron a sus hijos del hogar, dejando mudas las intenciones de hablar algún día, de tratar de acercarse al hijo o a la hija que despertó un día sabiéndose diferente. Lo que me pregunto es ¿cuántos años, décadas, siglos nos demoraremos para evolucionar hacia una sociedad iluminada por el amor, pero iluminada por todas partes, no solamente donde conviene?

Mi hijo es un joven buenmozo, inteligente, cariñoso. Está pronto a cumplir los veintisiete años el primero de Mayo, y en estos días conversamos, madre e hijo, como todos hacen. Pero no como todos hacen. Dentro de nosotros quedan las sombras de lo que perdió nuestra familia, de congoja dormida, de preguntas que no se pronuncian, de espacios de vida que pasaron sin que nos uniéramos. Y para qué, me pregunto, ¿para qué?

Mariana Romo-Carmona
Nueva York
abril de 2001

---

*Para mayor información sobre el tema, la autora ha publicado ensayos en las antologías *Compañeras: Latina Lesbians*, editado por Juanita Ramos Diaz, y *A Woman Like That*, editado por Joan Larkin.

El secreto de Juliana

Leonor Holmstrom

Vengo de un pueblo que es la capital del estado de Sonora, México. Bueno, a mi familia no les gustaría que yo lo llamara "un pueblo," asi es que digamos que hoy es una ciudad pequeña. Pero cuando yo era pequeña, ¡sí, era un pueblito!

Soy la primera hermana de siete hijos. Mis padres tenían una fábrica de muebles y tenían un restaurante de "drive-in," donde una azafata tomaba la orden y se comía en el carro. Esta era la moda; era algo muy popular en los Estados Unidos en los años '50. Bueno, en todo caso, tenemos una cantidad muy grande de familia, primos y primas y tíos, lo que tú quieras. Todos somos católicos en mi familia, y bastante a la antigua en las costumbres y en la religión. Un tanto cerrados. Yo era una muchacha con bastante más energía, y se me dificultó la vida allí. Por ejemplo, yo fui hasta la primera en usar pantalones en mi pueblo, y ahora, hasta la viejitas usan pantalones, pero cuando me metí a escondidas de mis padres en la universidad de Sonora a estudiar francés y arte dramática, me sacaron cuando se dieron cuenta.

Es difícil vivir cuando uno no puede hacer lo que quiere. Esto yo lo comprendo. Me casé con un americano y me vine a vivir a Estados Unidos, y después me traje a varios de mis hermanos a vivir acá. Mi mamá, ¡hasta se volvió a casar! Los adoro, pero todas opinan y saben de todo lo que pasa en la vida de los demás. ¡De seguro que ahora me cuelgan de un palo en el pueblo por haber sido la que introdujo los pantalones! Yo por ejemplo, salía a regar, y allí no eran más que los hombres los que hacían eso, los jardineros, pues también se veía mal que regara. A mediodía, como hace mucho calor en el desierto, se cierran los negocios y todos se van a dormir las siestas, y después los niños vuelven al colegio. En las tardes, se reunían las muchachas a jugar baraja. Me molestaba mucho que todos los días fuera lo mismo. Me dí cuenta que no podía vivir allí, desenvolverme, como yo quería.

Un día me mandaron acá a los Estados Unidos con una tía, porque no les gustaba el novio que yo tenía allá. Y mi futuro esposo se acercó a donde yo estaba con mi tía; él tenía un perrito, y se acercó y resultó que me empezó a hablar en inglés, y yo no le entendía nada. ¡Pero así nos las ingeniamos para salir, aunque mi tía le puso severas penas! Tuvimos que salir con una niñita vecina de chaperona, que nos dió más lata...pero ya. Así fue.

A los cinco años de casados, viviendo aquí en los Estados Unidos, nació Juliana. Fue un tiempo bastante calmado. Lo planeamos con anticipación, para estar en buena situación económica. Allá en México, mientras tanto, cada vez que visitaba me decían, pues que si me hubiera casado con un hombre mexicano, ya tendría dos o tres hijos. Había una señora muy piadosa que me habló en la plaza un día al salir de la iglesia: "¡Ay! m'hijita, yo siempre estoy rogando por tí para que Dios te conceda hijos." Y ¡muchas gracias, pensaba yo, que yo estoy tomando la píldora!

A los dos años después, tuve a Susana, a Susie como le decimos aquí. Cuando Juliana había cumplido los tres años, se me sentó en las piernas y me dijo que quería ser niño. Y yo le dije, ¡que no, que las mujeres teníamos lo mejor del mundo, que podíamos ser cualquier cosa, y teníamos toda la libertad del mundo! Y ella se bajó y se fue muy tranquila. Después, cuando tenía cinco años, un día ella salió del garage con el cinturón de herramientas de su papá. Lo tenía puesto, y tenía el martillo y todo. Se paró en frente mío, muy segura, y me dijo, "I want to be a boy."(Quiero ser un muchacho) Me dio un susto, un presentimiento, *mi hija es diferente*. Nos dimos cuenta además que ella era una muchacha muy inteligente, y en la escuela la metieron al programa para los chicos brillantes—gifted children. También era muy flexible, muy atlética, y le gustaban todos los deportes. Ganó toda clase de medallas. En la escuela hicieron como una especie de olimpiadas, y de todos ella ganó el primer lugar de los niños y las niñas. Pero al mismo tiempo estaba angustiada porque no se sentía igual que las demás niñas.

Yo le decía, pero no te preocupes; no todos somos iguales. También me afectaba a mi, y fue algo que no le pude contar a nadie más que a mi marido. Ni a mi hermana ni a mi madre les dije nada.

En la escuela, Juliana se envolvió en todo. Era la reina del basketball, princesa del prom. Ella tenía sus pretendientes, aunque no los quería, pero no importa. Cuando tenía 15 años, su hermana Susana la trató de "lesbiana" en un pleito que tenían. Ya para ese tiempo me había dado tantas señales de homosexualidad que me preocupaba mucho por eso. Cuando la llevaba de compras al mall a comprarse un vestido para cualquier ocasión, no había nunca nada que le gustara, y terminaba poniéndose un vestido mio, con aretes, y mis cosas. Era muy atractiva, tenía el pelo largo, era alta, de ojos azules, y se veía muy bien. Ibamos a una función que a ella le gustaba, de madres e hijas, y como a ella le gustaba, entonces yo participaba. Pero así y todo le venían depresiones.

Una vez que estábamos renovando la casa, componiendo los closets, me dice el carpintero, "aquí le encuentro algo escrito señora; no sé si quiere usted que lo pintemos o no." Me asomé a mirar, y lo que encontré entonces fue, como marcado en la pared, las palabras "Yo sobreviviré! Juliana," y la fecha. Ya te imaginas el trauma que ella tenía tratando de ser como las otras amigas. Me quedé impresionada. Por ese tiempo fue también que me dijo, "si descubro que soy homosexual, me mato."

Creo que tenía quince o dieciseis años, y aunque ella platicaba de la posibilidad de ser gay, no lo aceptaba para sí misma. Después de las peleas que tuvo con su hermana (porque yo oí los bombos y platillos), pues, la llevé a su cuarto y le conversé, preguntándole, "pues m'hijita, ¿tú crees que eres gay?" Y ella me gritó, "¡no me insultes!" Así, muy enojada.

Entonces yo pensé que tal vez ella necesitaba una ayuda de consejería, no para quitarle la homosexualidad sino que para que ella tuviera alguién en quién confiar, para decirle todo lo que ella quería y apaciguar su dolor porque evidentemente a nosotros no nos estaba diciendo todo. Además, le daba un poco de agorafobia, miedo a salir para afuera, algo que su abuela también tuvo. Primero, se trata de que no quieren salir y que no se les deje solos, pero puede ser una condición que progresa si se deja estar. Pero ahora ella ya está muy bien, y no es algo que le afecte.

En las ocasiones en que ella me había preguntado, "mamá, ¿qué sucede si yo soy?" pienso en lo que le deberíamos haber contestado. Sin embargo, mi marido y yo, sabiendo que los homosexuales nacen homosexuales, teníamos todavía una esperanza de que no fuera gay. Porque yo sabía que la vida de ella no iba a ser lo que ella pensó que iba a ser, porque hablaba de que cuando se casara, que iba a tener un marido muy bueno, y una casa grande, y cuando tuviera niños....Entonces cuando ella me contaba de sus dudas, yo le decía, "ni te lo imagines; ni pienses en eso." Cómo me ponía yo de histérica porque no tenía yo problemas con la gente gay, con la excepción de que ahora le había tocado a mi hija.

¿A qué se debía ese miedo que yo tenía? Porque fue la primera vez que sentí que mi hija podia ser gay, no cuando era chiquita y me lo dijo, pero cuando se paró frente a mi con el cinturón de herramientas, tan decisiva, tan segura. ¡Me dió un susto! Y a medida que el tiempo pasaba, notaba los gustos que ella tenía, y más pensaba que ella podía ser homosexual. Al mismo tiempo, le pedía a mi virgen de Guadalupe que no fuera. "¡Ay, Dios mio, mi hija es diferente!" Como un terror me dió a medida que crecía. Pensaba, *no es como las otras niñas.* Interiormente, no quería ni pensar en la palabra homosexual, y en lesbiana menos.

Con los años, salieron poco a poco sus gustos y manera de ser, fueron creciendo con ella. Le decía a mi marido, "¡ay, estoy infartada! ¡Juliana va a ser gay!" Y mi marido decía, "no, si está bien, con los deportes, con sus ropas; si ahora los jóvenes se visten así, todas, con esas zapatillas de hightops y todo eso." Pero yo no lo comenté con nadie más, ni con mis hermanas, ni mis amigas, solamente con mi marido. Con mi marido confié, y no con los demás, porque se me figuraba, bueno, ¿y qué sucede si al final no es, y yo le hago la mala pasada? Allá en México ser homosexual era pecado; no solo era pecado sino que según se hablaba de ellos, eran degenerados. Para mi se me hacía muy duro pensar que tenía una hija gay.

Afortunadamente, yo tengo un amigo que es doctor, y cuando me empezaron a dar unas migrañas horribles, él me trataba, y me envió una revista sobre las migrañas. Resulta que allí había un artículo que hablaba sobre la homosexualidad, y explicaba que los homosexuales habían nacido así, y entonces eso me ayudó a comprender que no se trataba de nada que yo hubiera hecho al criarla. Comprendí que no es algo que se puede contagiar, o como dice una vecina mía, "¡eso se lo agarró en el basketball!" Por lo menos estaba enterada, pero lo único que siento que no hice fue decirle, "m'hijita, si tú eres homosexual, yo te voy a querer igual," para que se sientiera tranquila. Tal vez era porque siempre albergaba la pequeña esperanza de que no lo fuera, porque veía como trataban a los homosexuales aún en Estados Unidos. En México no los dejan vivir, simplemente no, y termina en que se vienen todos a Tucson, Arizona.

Después de la terapia, ella se fue al college. Allá conoció a muchachas que eran gay y comenzó a descubrirse. Luchó en contra de serlo, y tenía temporadas en que se rebelaba. No sé si fue porque ella era una persona tan perfeccionista y lo consideraba una imperfección, pero no lo aceptaba. Tal vez porque ella causó tanto revuelo cuando nació, pues era la primera nieta y sobrina en su familia, y allá en México todos sus parientes la adoraban, y tal vez el hecho de haber vivido una vida en que ella tuvo tanto éxito con el deporte, ¿cómo podía aceptar que la rechazaran? Es muy probable que así sea, como todos los niños que quieren complacer a sus padres.

Regresó a los dos años de estar en college, de vacaciones, y yo le pregunté. Como no me decía, yo le pregunté, y allí nos dijo porque venía más preparada. Naturalmente, a mi me pareció morirme, para qué te digo mentiras. Mientras estaba en casa, me pidió que fuera con ella al mall, porque quería comprar una camisa de hombre, y fui con ella. Tuvimos que abrir la camisa para medirle el cuello y todo, ¡imagínate qué divertido! Fue una novedad. Y estábamos bien. Pero cuando ella se volvió a la universidad, luego que se fue, me desmoroné; me deprimí mucho. El dolor de ver que ella también luchaba, que la vida de ella era difícil, me dolía mucho y no sabía para dónde agarrar. ¿Qué hago yo con este dolor? ¿Cuándo se me va a quitar?

Después me habló y me pidió que la visitara y fuéramos a un bar gay, porque en realidad no tenía grupo. ¡Ay, mi madre!

Asi es que yo fui, me repuse, y fui con ella. Y fue en un bar gay que conoció a la compañera de ella. La muchacha vino y la sacó a bailar. No la conoció la primera vez; fue dos o tres años después cuando la fui a ver en otra ocasión y fuimos al night-club. Yo estaba charlando con dos chamacos gay, y ella venía a chequear a ver como yo estaba. "Mamá, ¿que necesitas?" "¡Un tequila doble!" le decía yo. Eso fue más adelante cuando ya yo estaba muy repuesta, y nunca jamás se me había ocurrido quitarle el amor a mi hija. La novia pensó, mira qué bien, que ella está aquí con su mamá. ¡Qué buena referencia! ¿verdad? Y ahora, ya están juntas más de cinco años; compraron una casita, y están tan felices que no tienes idea. Y yo, orgullosísima.

Sobre mi vida y mi hija

EVELYN DOMINGUEZ

Nací en Puerto Rico y resido ahora en el estado de Connecticut. Mis padres fueron hijos de agricultores que sembraban café en sus terrenos. Mi niñez fue muy feliz. Fui la hija menor de 5 hermanos. Estudié en colegio católico hasta el grado 12. Luego vine a los Estados Unidos a estudiar universidad en St. Paul, Minnesota, donde terminé en 1958. Después regresé a mi país. Trabajé como profesora y me casé al año de mi graduación.

Soy contemplativa, amante de la paz y tranquilidad, pero con interés por el arte y la música, y me gusta mucho viajar, integrarme a otras culturas. De mi hija mayor, recuerdo su inteligencia; era bien apacible y bonita. Se desarrolló con interés en la escuela, con habilidad en el piano. También recuerdo que era buena amiga, sensible, y siempre consciente de las necesidades de los demás. Mi relación con ella actualmente es una de admiración y cariño, y comparto en su vida y sus sueños a la vez que respeto su privacidad y decisiones.

En 1993, mientras Evelyn trabajaba en la compañía de Hartford Steam Boiler, una amistad le sugirió que hiciera campaña para candidato en el concilio de la ciudad de Hartford, donde sería la primera puertorriqueña en esa posición. Aunque la comunidad latina le dió su apoyo y le abrieron las puertas cuando ella comenzó su campaña, no ganó la elección. De hecho, la perdió por solamente 16 votos.

Pero desde ese momento, su vida cambió, y en 1996 tomó un puesto como liaison legislativa en la Comisión Permanente sobre el Estatus de la Mujer. En septiembre de ese año, montó una segunda campaña, esta vez contra el representante del estado, Eddie García del cuarto distrito. Evelyn no ganó la elección, inicialmente, y además fue un período difícil debido a las amenazas de muerte que se dirigieron contra ella. Se encontraba en una posición de desafío contra García, quién ganó la elección a pesar de los cargos de que había defraudado el proceso de los votos para lograrlo. A fines de 1996, García resultó culpable y perdió su posición legislativa. En febrero de 1997, en una elección especial en que la esposa de García tomó su lugar, Evelyn finalmente emergió victoriosa. Dos años mas tarde, en 1998, Evelyn defendió su candidacía como incumbente y ganó la elección contra el ministro pentecostal Gabriel Carreras, cuya campaña se basaba en calumniar el carácter de Evelyn. Carreras utilizó el slogan homofóbico de "No metas la Pata" en contra de Evelyn para intentar usar el hecho de su orientación sexual en contra de ella. Por radio y en los periódicos, Carreras azuzaba al público diciéndoles que Evelyn Mantilla "quería enseñar sobre el sexo y el amor lésbico en las escuelas."

Evelyn se había identificado públicamente como mujer bisexual, envuelta en una relación de compromiso con una mujer desde hacía unos meses. Había celebrado su unión con su compañera, Babette, y también se había identificado como "gay legislator" durante un discurso sobre la presencia de la gente gay en las fuerzas armadas de los Estados Unidos. Antes de eso, mi hija Cathy y yo comentamos que no nos sorprendería mucho que Evelyn hiciera un anuncio acerca de ella y Babette, porque veíamos que se llevaban muy bien. El carácter abierto y honesto de Evelyn en sus campañas y su árduo trabajo en la legislatura del estado parecen haberle ganado el apoyo de su comunidad en Hartford, Connecticut, y el respeto de mucha gente.

En nuestra familia, algunos familiares son mayores, criados en ambientes conservadores, y yo le concedo la decisión a mi hija de hablar con ellos o no sobre su orientación sexual. Sigo su inclinación cuando ella prefiere no revelar o dar explicaciones a estos familiares. Cuando mi hija reveló su orientación sexual, me sentí conforme con su decisión porque ella ya había compartido conmigo que examinaba sus inclinaciones en consejería. Traté de buscar ayuda para entender mejor y leí libros de autores gay. Me alejé de vivir con ella para darle privacidad. Cuando ella se declaró públicamente, yo estaba en otro estado y viviendo con su hermano, quién la quiere mucho pero no es receptivo a su estilo de vida. A mi parecer, siempre he creído que el amor es posible entre personas del mismo sexo, y soy feminista.

En este momento desconozco si algún familiar nuestro es gay. Muy rara vez he afrontado preguntas directas sobre la orientación sexual de mi hija. Cuando otras personas hacen comentarios peyorativos sobre los grupos gay, me concentro en los logros de mi hija como líder política y hablo de lo que hacemos juntas, pero no doy detalles de su vida personal. Trato de hablar de lo que yo entiendo sobre la realidad gay y de dispersar los mitos. Digo que en estos grupos, como en todos, hay todas clases de personas. Que no tengo que entender completamente su dinámica, pero los respeto. Digo que todos tenemos facetas femeninas al igual que masculinas y enfatizo en nombrar valiosas personas gay.

Cuando otras personas hablan mal, me siento indignada. Simplemente pienso que la intolerancia e información errónea abundan y trato de corregir las ideas erróneas con información.

A los padres de jóvenes latinos que recién se dan cuenta

de que sus hijos/as pueden ser gay les diría que todo padre debe estar preparado para querer y apoyar a los hijos, no importa su orientación. El amor y respeto no debe cambiar. También les recomendaría que buscaran información y apoyo de grupos como PFLAG, el grupo de padres y familia de lesbianas y gays. Este grupo se puede usar como modelo por padres y familiares hispanos para formar sus grupos de apoyo enfocados a las necesidades de los latinos.

Evelyn Mantilla

La cultura puertorriqueña que dio vida a mi manera de ser y de pensar es una de las influencias más bonitas que guían mi vida. Aun así, el ejemplo de mis abuelos y mi madre puertorriqueña siempre ha sido el aspecto formativo más fuerte para mi. Como una Representante dedicada a proteger los derechos de nuestro pueblo, siempre me inspira la bendición que ha sido crecer bajo estas influencias tan significativas.

Mi abuelo, conocido como "Mr. Domínguez" en todo el pueblo de Caguas, era un muy humilde servidor de su pueblo. Sin tener un puesto político, él mejoró las condiciones de vida de muchas familias por medio del deporte y la enseñanza. Un hombre de pocos recursos, pero dotado de una riqueza espiritual, mi abuelo era reconocido en cualquier esquina de su pueblo por niños, jóvenes, y adultos.

Mi abuelita, Doña Gloria, también dedicó su vida a la creación de una familia dedicada al bienestar de todos aquellos que están a nuestro alrededor. Una mujer bondadosa, cariñosa, y a la misma vez muy fuerte, ella también creó un ejemplo inigualable para aquellos cuyas vidas ella tocó.

Mi "mamita," Evelyn Domínguez, es ahora mi inspiración mayor. Contra viento y marea, ella logró criar a cuatro hijos excepcionales. Su fuerza, su amor, y su dedicación para ayudar a aquellos que más lo necesitan sirven de gran ejemplo para mi. Al igual, su apoyo personal me provee el respaldo y la fuerza para continuar mi propia labor.

Me identifico como bisexual aunque me encuentro en una relación de compromiso con mi compañera, Babette, que espero que dure toda la vida. Cuando me dirigí a ella y le pedí que se casara conmigo, y ella respondió que sí, todo el público de más de 7.000 personas expresaron su felicidad. Mi decisión de salir de esa manera tan pública realmente no fue política sino personal, con la cual esperaba otorgarle a Babette la felicidad que se merecía. Yo sabía que iban a haber consecuencias políticas, pero nunca se me ocurrió que mi propuesta de matrimonio significaría un evento tanto más "jugoso" para la prensa.

La reacción de la comunidad lesbiana, gay, bisexual, y transgénero a mi identificación como bisexual fue muy positiva. La única vez que alguien me preguntó específicamente acerca de ser bisexual fue uno de los comentadores de un show latino de televisión que quería saber si yo había usado el término "bisexual" simplemente para que le resultara más aceptable al público. Yo expliqué que me identificaba como bisexual porque comprendo mi capacidad de tener relaciones de cariño y compromiso con los hombres, como había ocurrido anteriormente. Sin negar el hecho de que espero pasar el resto de mi vida con Babette, nunca descontaría de manera trivial mis relaciones con los hombres que amé anteriormente. De hecho, expliqué, entiendo completamente que el identificarse como bisexual puede ser mas difícil porque una puede ser mal juzgada por alguna gente en la comunidad LGBT al igual que la gente straight. El comentador procedió a bromear que para él esto significaba que todavía quedaban esperanzas (¡qué macho!) Casi nada más me ha siginificado tanto en este proceso que el amor y el apoyo de mi madre—desde el día en que le declaré a ella, hasta hoy, en que ella comparte con nosotras en casa. En mi vida ella ha sido un modelo de fuerza y amor incondicional. Yo sé que se preocupa por mis deciones en mi vida política y mi habilidad para manejar lo que conlleva, pero nunca me ha negado su apoyo. Durante la campaña de 1998, cuando mi rival constantemente me criticaba por mi orientación sexual, Mami visitó los edificios de la gente mayor el día de la elección y saludó a innumerables "envejecientes" latinos con orgullo. La misma gente que habían oido que "Evelyn Mantilla quiere enseñarles a nuestros niños a ser gay" la bienvinieron con alegría y respeto, y después se fueron a votar por mi.

Mi mayor orgullo sigue siendo el día de mi matrimonio, cuando mamita me encaminó a la sala dónde se efectuó la ceremonia. Frente a mis tres hermanos, Eduardo, Cathy, y Lillian, y cerca de cien familiares y amigos, ella se veía radiante. Cuando el conjunto musical tocó viejas canciones puertorriqueñas durante la ceremonia, su cara demostraba un millón de diferentes emociones, pero todas envueltas en el orgullo que siente.

Mis dos hijas mellizas

ILEANA STRAUSS

Soy de Honduras y vine a Estados Unidos cuando tenía casi quince años, hace mucho tiempo. Vine con mi mamá, a Los Angeles, donde estuvimos muchos años, y hace diez años nos vinimos para Oregon, donde está todo muy bonito.

Yo me crié con mujeres, con mamá, tía, abuela, bisabuela, y muy católica; rezábamos mucho, casi todas las noches. Mi padre estaba con nosotras, pero teníamos una relación más distante. Considero que tuve una niñez privilegiada.

Cuando estaba yo en Honduras, había una señora a quien todos le tenían lástima. Esta señora tenía un hijo, y era por él que le tenían lástima. Era amigo mío y yo no sabía por qué. Después, con los años, me di cuenta de que era gay.

Cuando me vine para Los Angeles, vivimos en Hollywood, fui al High School, y comencé a conocer a personas tan diferentes de las que conocía antes que el asunto de las personas gay fue algo muy normal. Ni me di cuenta cuándo.

Algo que he heredado de mi cultura es que las abuelas y bisabuelas latinas me decían, "m'hijita, se trata a todas las personas con respeto." Y con los tiempos, creo que he tenido un punto de vista muy liberal, aunque mis hijas me dicen "¡ay, mom, tú eres tan conservadora!" Y yo les digo, "m'hijitas, den las gracias de que yo no soy como otras personas."

Cuando vinimos acá también fue un choque para mi familia, porque en nuestro país se notaba las diferencias de las clases socioeconómicas, pero también sabíamos que entre nosotros siempre estábamos todos iguales, pero aquí no solo hay diferencias sociales sino que hay gente de todas las razas, y uno se acostumbra.

Yo soy enfermera, y me acuerdo precisamente cuando sentí que quería serlo. En la navidad del '59, cuando tenía 9 años, mi mamá me regaló el juego ese de las enfermeras con las jeringas plásticas y todo, y desde ese día yo me dije que quería ser enfermera, y nunca pensé en nada más. Bueno, cuando estaba trabajando en un hospital en Los Angeles, llegó un chico llamado Tom que era muy abiertamente gay, lo que me sorprendió un tanto porque nunca había conocido a nadie como él, pero nos hicimos muy amigos, hasta la muerte, y le conocí todas sus parejas, sus amigos, porque fuimos a gay bars y todo. Le agradezco a él y a Dios, a quien sea, el haberlo conocido.

El era un amor con las viejitas; yo veía como él trataba con tanto amor a la gente, y se me quitó eso de que—ay, era gay— porque lo querían tanto esas señoras, y vi que siempre fue una persona muy amorosa.

La otra persona que fue muy cercana, cuando yo tenía unos veinte años, fue mi doctora, con quien nos hicimos amigas. Me invitó a su casa una vez y pasé un fin de semana con ella y su amiga. Cuando regresé al trabajo, las compañeras de trabajo estaban todas ansiosas de saber cómo había pasado el fin de semana, ¡y me dijeron que ella era lesbiana! Estas dos personas me significaron mucho. He trabajado con personas de todas partes y de todo tipo, trabajando como enfermera, y por eso he aceptado a mucha gente.

Mis hijas tienen 21 años; son mellizas pero no son idénticas. Me casé a los 27 años. Mi esposo es de Indiana, y somos como los polos opuestos. El nunca había conocido a una persona latina. El es muy típico de una familia alemana, lo opuesto de nosotros, pero con el tiempo es tan afectuoso como nosotros. ¡El se tuvo que acostumbrar más a mi cultura que yo a la de él!

Cuando nos mudamos a Oregon, si, me chocó más el racismo que en Los Angeles. Me emplearon en la clínica Kaiser, y yo era la única que no era blanca. Me tomó un tiempo darme cuenta por qué yo les parecía tan diferente. Después, comencé a trabajar en el condado, visitando a familias latinas, hispanas, y entonces me di cuenta lo diferente que soy de todos ellos. A mi me tocaba representar a todo el mundo latino, pues me decían, "Ileana, tienes que ir a este comité, a ésta reunión". Con el tiempo, ya han empleado a más gente latina, pero ha sido un lugar en que me han dicho cosas tan horribles que yo me he quedado con la boca abierta. Como que yo no soy mexicana, creen que me pueden decir cualquier cosa. Una enfermera me dijo una vez que ella quería que hubieran unos grandes autobuses ¡para que se llevaran a todos los "dirty mexicans"! Y como ella han habido muchas; entonces, yo las reporto.

Y también he oído cosas similares de los gays y de las mujeres latinas, y todo dicho en el nombre de Dios y de la Biblia, y de todo eso. Es una hipocresía tremenda.

A mis hijas, yo les tenía diseñado el vestido para el baile escolar de fin de año; les tenía las joyas, todo. Las adoro con una pasión loca y obsesiva, aunque nunca había querido tener hijos, hasta que conocí a su padre. Antes de tenerlas, discutimos muy claro que íbamos a estar juntos para enfrentar cualquier problema para siempre. Nos pusimos de acuerdo que íbamos a dedicarnos a nuestros hijos y de que nunca íbamos a aceptar trabajos de administración porque sabíamos que esa clase de trabajo nos iba a llevar mucho tiempo fuera de la casa, aunque se tratara de ganar más dinero.

Desde chiquitas, vestí a mis hijas con lo más caro, todo con encajitos como muñecas, con todo que les combinara. A Ilania, la mayor (por 18 minutos) , nunca le gustaron los vestidos; ella prefiría ponerse jeans y sweatshirts, y desde chiquita le encantaban los deportes. La rodeaban los chiquitos para que jugara béisbol con ellos, y yo pensaba, "ah, qué bien!" Y la otra, Ina, siempre andaba con sus amiguitas, cuchicheando; ella siempre era muy elegante, pues se parece mucho al papá. Cuando nos mudamos a Portland, entraron a una escuela católica, y noté la gran diferencia en cómo pensaban mis hijas del resto de la gente. Como entonces era buena católica e íbamos a misa, escuchábamos al cura y las niñas me decían, "mom, mom, ¿te das cuenta como se trata a las mujeres?" Cuando les faltaban 3 meses para la confirmación, ellas me dijeron que no, que lo iban a dejar.

En High School, Ina era lo que se llama un *fashion plate*, una modelo, y lo que comienza ella en cuanto a modas, todos le siguen. Ilania seguía con sus zapatos doc martins y sweatshirts. Siempre quise que salieran en grupos, para las citas, nunca solas. Ina siempre fue popular con los muchachos, mientras que Ilania no estaba interesada, ¡lo que me gustaba a mi! Mi mamá me decia, "ah, ¿pero a Ilania no le gustan los muchachos?" Y yo le decia, "Que se tome su tiempo. No se lo mencione." Después juntas salieron al baile, e Ilania fue con el hermano del otro muchacho, pero obviamente como amigos, y yo siempre tenía un presentimiento—¿pero Ilania? ¿Será? ¡Al menos sale con este muchacho! Y le comentaba yo, ¡que bien! Y ella me decía, "don't get so excited, no es nada."[1]

Con él fueron a un baile y a una fiesta de gala, y yo encantada. Pero la última vez que asistieron, ella estaba con taconcitos y un vestido de baile, y cuando se alejaron. Yo la miré caminando y la pobre se veía tan incómoda, pero aunque se veía tan masculina, yo pensé, bueno, así es pues; es que no está acostumbrada a caminar con los tacones.

Con el tiempo se vestía más masculinamente, y yo le pregunté por qué no se ponía una falda. Y ella me dijo, "bueno, de lunes a viernes yo me visto para mi. El domingo vamos a la iglesia y yo me pongo lo que tú quieras," y ¡así lo hacía! Yo estaba encantada, porque ¿qué adolescente te va a decir eso?

Ellas tenían dos muchachos que estaban enamorados de ellas, porque estaban siempre juntas, muy unidas, y salían juntas. Pero por ese mismo tiempo fue que comenzaron los insultos en el colegio. Les decían,"You fucking dykes, you lesbos, queers,"[2] et cetera. Yo les decía, vamos a hacer algo, a llamar al director, y ellas que no, que no dijera nada.

Ilania fue la primera que me dijo que era gay, y tres meses antes de eso yo lo presentía. Le había preguntado a mi esposo, "¿y que pasa si la niña es—? ¿La aceptarías tú igual?" Pero me dice, "¿como me preguntas eso? Es mi hija… ," y se puso a llorar.

Además de los insultos y las cosas que les escribían en el locker, tuvimos un incidente en la escuela que nos hizo empujar a Ilania para que saliera. Hubo un chico, de los chicos jock,[3] como les dicen, que trató de atropellar a Ilania con su carro. Y lo hizo a propósito. Ilania estaba cruzando la calle con un grupo, y él esperó a que cruzaran las amiguitas del grupo, a que cruzaran la calle, y entonces se lanzó adelante a toda velocidad. ¡Ella tuvo que brincar para que no la atropellara! Yo fui y puse una queja con el director, y las niñas se enojaron conmigo, pero supe que tenía que tomar la decisión. Conversé con Ilania, como un mes antes, y le dije que una vez que lleváramos este caso, saldría toda la publicidad. Pero al final lo dejamos de lado porque ella nos pidió que no continuáramos el reclamo.

Lo que me dio mucho susto es que comenzó a pasar mucho tiempo sola. Parecía como que andaba con el mundo en sus hombros, y pasaba mucho tiempo sola en su pieza. Yo compraba revistas, *Just Out*, y el *Advocate*, *Out* Magazine, todo; le mencionaba cosas para que me dijera algo. Pero me decía a mi misma, "¿y qué pasa si ella no es lesbiana? ¿Y si me equivoco?" Llegó la hora del baile y este muchacho la invitó. Le dije, "¿por qué no sales con él?" pero me contestó, "¡No, mom, no puedo!" El llamó para invitarla por tercera vez, y yo le dije "mira, tienes que decirle que vas con él, solo es para un café," y me decía, "no, mom no puedo." Entonces, cuando llamó el chico, yo le dije que era él, y ella se puso a llorar.

Me fui ese sábado, y la deje ahí, llorando, con mi esposo. Yo me fui a comprar el vestido para Ina. Y él fue, entonces, el que le preguntó, " *Ilania, are you gay?*"[4] Y ella le dijo, "sí." "*Honey, it's okay; we love you no matter what.*" El le dijo que la queríamos de todos modos y no importaba nada más. Y desde entonces, hemos estado metidos en todo, en el show de *Cristina*, en la marcha del milenio, y seis meses después—salió Ina.

Con ella fue lo opuesto. Mi esposo había salido con Ilania y yo me había quedado en casa con Ina. Ella ha salido con varios muchachos que se habían enamorado de ella, pero ella no. Estábamos viendo televisión cuando recibe una de esas llamadas en que tú sabes, se le ve todo en la cara, y ella agarra el teléfono y se va al closet, y está allí conversando, cuchicheando. Cuando volvió le dije, "¿quién es *ese*?" pensando que era un muchacho. No, me dice, "esa era Hilary." ¡Fue como un balde de agua fría! ¿Qué está pasando acá? Casi al mes, me dice finalmente, "sí, *I like girls, too.*" Le gustan las muchachas también.

La primera vez que tuvieron una reunión de la juventud gay, mi hija me llevó a la conferencia porque quería que yo hablara. Cuando llego al lugar, me doy cuenta de que yo era ¡la que daba el discurso principal! Y ella me dice, "yo no sabía." Hablé frente a 300 personas, y hasta ahora he estado metida en

PFLAG[5] como portavoz y para hablarle a los chicos latinos, y siempre le digo a la gente que si quieren hablar conmigo, que lleven mi número y me llamen.

---

[1] No te entusiasmes, que no es nada.

[2] Tortilleras, lesbianas, mariconas.

[3] Deportistas

[4] ¿Tú eres homosexual?

[5] Grupo Nacional para Padres y Amigos de Lesbianas y Gays

El Regalo

Fabiola Restrepo

El primer dolor que yo sentí fue el rechazo que iba a sufrir mi hija, porque yo sabía que era así. Pero ella no es de las que se deja echar atrás por nada en la vida. Una de las primeras impresiones que yo tuve, que es algo de lo cual Tatiana se ríe, fue que lo de las lesbianas es como el cuento de las brujas—porque en nuestra cultura se nos dice que existen, ¡pero uno nunca ve una bruja ni sabe cómo son! En cuanto a las lesbianas, yo sabía que existían, pero me pareció increíble que ella me dijera acerca de sí misma, porque no me lo había imaginado y menos que fuera a ser una hija mía.

Cuando ya conocí el ambiente de las lesbianas, una de las cosas que me impactó mucho fue que habían tantas que sufrían el rechazo de los padres. Porque si a uno lo rechaza la sociedad, bueno no sé, pero el rechazo de los padres me parece mucho más serio.

Tatiana editaba y escribía esa revista que se llamaba, *Esto no tiene nombre*, y habían algunos artículos bien fuertes, y yo le decía a ella que algunos no eran ni siquiera eróticos, sino que mas bién, pornográficos. Pero así y todo, me parece que ella escribe muy bien, y admiro mucho su trabajo y la manera en que ella dice las cosas, y todo lo que ha podido realizar en su vida. Para un día de las madres, me puse a escribir, porque estaba pensando en eso del rechazo de los padres. Habíamos pasado el día juntas, ya que ella y yo tenemos una relación bien buena. Y me puse a pensar en las muchachas que no tenian buena comunicación con sus madres. Además, yo le decía que un día le iba a escribir algo para la revista, ¡para que tuviera un artículo "decente"!

Cambios han habido muchos. Hay más aceptación hoy en día. Se me hace que ya tienen poder político, y es parte de la aceptación aunque no sea total porque mucha gente tiene puntos de vista cerrados. Desde la fecha en que Tatiana salió deben haber pasado 20 años, y han cambiado muchas cosas.

Se me hace también que en literatura y en las artes se está comentando mucho más el hecho que alguién sea lesbiana, lo que antes la gente tapaba, no solo la familia sino la sociedad. Ahora, también hay iglesias y congregaciones en que las lesbianas son bienvenidas y son parte de la comunidad, así es que hay mucha mas aceptación. Aquí está el artículo que yo le escribí para su revista.

El Regalo*

"El día de las madres ya pasó, pero me quedé pensando en las madres y las hijas que no lo celebraron; en la madre a quien la intolerancia selló su corazón con dolor y en la hija que sufre por el rechazo, la falta de comprensión. Y yo sé bien que mientras esa madre busca dentro de sí misma la respuesta o no quiere aceptar la verdad, y se consume en silencio, por temor o tal vez por el qué dirán, va construyendo una muralla que la separará de su hija al final.

Acerca de mi hijo, Edgar

IRIS RODRÍGUEZ

Me preguntas de dónde vine. Mi esposo y yo vinimos de Puerto Rico en el año 1945. Aquí en Nueva York nos conocimos y nos casamos en 1951. Nacieron tres hijos varones y nuestra familia creció también, con una hija de mi esposo de su primer matrimonio.

Me preguntas acerca de mi familia. La historia es un poco larga, pero para hacerla corta te diré que desde la muerte de mi madre, cuando yo tenía ocho años, me crió mi padre con ayuda de su familia. De mi madre solo me queda una tía a la cual adoro.

La familia de mi padre era bastante grande; en otras palabras, por una madre que perdí tuve como diez que me criaron. Todas son personas muy lindas y muy buenas, a las cuales he ido perdiendo poco a poco, pero que los recuerdo con el mismo amor que ellos me tuvieron a mi.

Hablando de nuestro hijo Edgar, te diré que desde pequeño fue un niño muy activo. Le gustó trabajar desde temprana edad. En contra de nuestra voluntad, pues era muy pequeño para distribuir periódicos por las casas. Yo le ofrecía darle el poco dinero que se ganaba para que no siguiera, pero el niño nos salió muy orgullosito y siempre le gustó trabajar. Siguió los pasos de sus hermanos mayores que siempre hicieron lo mismo, una de las cosas por las que estamos muy orgullosos de ellos.

En cuanto a la relación que tenemos con nuestro hijo, más linda no podría ser. Al principio, cuando me confesó de su orientación sexual, desde luego que para nosotros fue una impresión muy fuerte, pues viendo el grupo tan grande de amistades que tenía, de muchachos y muchachas, jamás pude imaginar que él fuera gay. Al principio tuve pensamientos negativos, no en contra de mi hijo, pero en contra mía. Yo pensaba que había cometido algún error en momentos cuando se criaba, y me preguntaba a mi misma qué hice de malo.

Lloré mucho a solas sin que él se diera cuenta, pues jamás quise que se sintiera herido o pensara que iba a dejar de quererlo por eso. Hablé mucho con Dios, le hacía preguntas, y gracias a Él y al mismo Edgar, recibí la respuesta. Dios empezó a darme una tranquilidad que yo misma no podría explicar. Me dio a entender que yo no había cometido ningún error. El me dio tres hijos muy buenos, pero ese hijo ha sido lo mejor que El me ha dado.

Desde luego, como dije antes, mis otros hijos también; a todos los adoro y son la luz de mis ojos. Criamos a nuestros hijos con mucho amor, para mi pensar, muy bien, enseñándoles respeto, principios morales, y aunque los padres nunca somos 100% perfectos, los criamos como mejor pudimos, con mucha dignidad.

Mi esposo ha sido un hombre muy trabajador y muy buen padre, muy buen proveedor. A Dios gracias, mis hijos saben que nunca hubo violencia en este hogar; por lo mismo, aprendí a reconocer que no fue error de nosotros, sino que Dios me los dio tal como tenían que ser. Sabemos que a Edgar me lo dio como es, con un propósito, el de ayudar a tanta gente que lo necesitan.

Estamos muy orgullosos de él y de sus buenos sentimientos, de su buen corazón, no solo con nosotros sino también para todo el mundo. Sus hermanos lo quieren y lo apoyan en todo momento. Por el amor tan grande que le tenemos a nuestro hijo fue que contribuímos, hace unos cuantos años atrás, participando en el video que pasaron en televisión por HBO con Edgar, y también en el programa de "Cristina". El es mi hijo; lo adoro de la misma manera que lo quise desde que nació; para mi no importa cómo sea; el amor de un hijo, bueno o malo, nunca puede dejar de existir en el corazón de una madre. Le doy gracias a Dios a todas horas por los hijos tan lindos y tan buenos que tuve la suerte de tener. En cuanto a la familia y las amistades, cuando me preguntan por mi hijo les digo que es muy felíz en su labor de policía, porque es activista, y que estamos muy orgullosos de él. No he dejado de encontrarme con personas ignorantes, que desde luego no saben que tenemos un hijo gay. Cuando dicen frases hirientes, les contesto que Dios los hizo así y que están en todas las puertas de nuestras casas, y que todos nos podemos llevar tremenda sorpresa porque los tenemos en todas las familias.

Muchas amistades saben de Edgar porque lo han visto mucho en televisión. Todos me han llamado muy contentos, pues hasta ahora que yo sepa nadie lo ha despreciado, y si alguien lo hiciera, son ellos los que pierden.

Cuando Edgar entró en la policía, fue otro trauma para mí. Pasé muchas noches con la preocupación de que le sucedería algo malo en su trabajo, pero entregándoselo a ese Dios tan bueno, pude aceptarlo y poco a poco fui acostumbrándome a la idea de que eso era lo que él quería. Hemos participado en muchas celebraciones, tanto de la policía gay como con muchas de sus amistades. Francamente, mi esposo y yo nos hemos sentido muy halagados al ver tantas personas que quieren y admiran a Edgar.

Muchos vienen hacia nosotros a felicitarnos por nuestro hijo y a decirnos lo orgullosos que debemos de estar por él, por su trabajo, y por la obra tan linda que está haciendo con su público. También he sentido mucha tristeza cuando algunos jóvenes se han acercado y me han dicho que quisieran que sus padres fueran como nosotros, porque por ellos han sido despreciados. Yo les he contestado que le den tiempo porque para muchos parece que es muy difícil aceptar que sus hijos hayan nacido gay.

Lo que no me puedo explicar es cómo es posible que los rechazen porque, como me expresé antes aquí, el amor hacia un hijo es tan inmenso que aunque se trate de un asesino se reconoce. Pero el amor no nos lo podemos sacar de los corazones. Mi consejo a los padres es, por favor, quieran y apoyen a sus hijos. Imagínense el sufrimiento de sus hijos, tras de ser rechazados por la sociedad, que nosostros, sus padres, que fuimos los que los trajimos al mundo, les demos la espalda y los despreciemos.

Padres, madres, son nuestros hijos e hijas. Ellos no pidieron nacer ni venir al mundo, menos para ser despreciados por nosotros, sus padres. En el momento que lean este libro, por favor llamen a sus hijos, recíbanlos con un fuerte abrazo, y díganles que ustedes tienen suficiente amor para compensar el amor que les niega la sociedad. Echenle su bendición a todas horas del día y de la noche. Que Dios nos los bendiga y los cuide a todos ellos.

Lo que yo esperaba de mi hija

JUAN A. TOLEDO-MARTÍNEZ

No creo que el tener una hija lesbiana y mi relación con ella sea lo que más me preocupa como padre. Lo que temo es si ella podrá ganarse ese espacio al que tiene derecho en el mundo, como persona y ser humano. Si podrá tener las fuerzas necesarias para enfrentar la violencia, la represión, las humillaciones, las faltas de respeto, y la intolerancia a la que será sometida por el mero hecho de ser diferente. Si finalmente vencerá hasta el último día de su vida o si se rendirá ante las fuerzas que tendrá que enfrentar todos los días y en todos los lugares desde ahora hasta que muera. Quisiera vivir lo suficiente para verle ganar la batalla o por lo menos, para que en lo que me queda de vida, poder apoyarla, defenderla, y darle todas las herramientas que pueda para que sobreviva.

No sé por qué, pero tal vez sea lógico y normal, pero pienso que los homosexuales tienden a caer en crisis existenciales más que nosotros los heterosexuales, y me asusta que un día mi hija diga que no puede más. Sería lamentable pues sería como otra lucha más sin resultados. Sería como si se perdiera una jugadora clave del equipo, que arriesgaría las posibilidades de adelantar en la lucha que mi hija un día decidió comenzar, y por lo que yo la amo y respeto tanto. Ya quisiera yo haber tenido ese valor a su edad. Pero es duro pensar que su vida será una lucha contínua y permanente donde no habrá muchos momentos de paz, sine que de conflictos y confrontaciones.

No importa cómo termine su vida; creo que ya ha hecho importantes contribuciones para la comunidad homosexual, y siempre me sentiré orgulloso porque se atrevió a luchar y darse a respetar. Tal vez eso era lo que yo esperaba y espero de mis cinco hijos, que cada cual a su manera y desde su trinchera se atreva a defender las causas justas de la humanidad.

Mariana lo empezó a hacer y me invitó a acompañarla en el proceso. No sé sí ella y yo lo hubiéramos hecho separados e individualmente. Fue como si se dieran las circunstancias, que ella fue en cierta manera creando su vida y me invitó a acompañarla o a que decidiera que los primeros pasos los iba a dar con su papá, a quien ella inocentemente cree invencible. No sé si ella sabe lo mucho que ha significado en este momento de mi vida, pero me permitió salir de las gradas a donde me había acomodado a observar el mundo.

Un día Mariana me llamó desde la universidad donde estudiaba, y con mucho esfuerzo y llorando, me preguntó qué pensaría yo de que ella fuera lesbiana.

Nunca se me había ocurrido esa posibilidad sobre mi hija y tampoco tenía indicios que me llevaran a anticiparlo. En ese momento sentí una gran solidaridad con ella, y me alegro hoy saber que así lo sintió ella cuando conversamos ese día. Sentí que era un momento muy serio en la vida de mi hija y quería que sintiera mi apoyo y mi respaldo. Pero sobre todo quise que sintiera que la amaba y la quería como siempre.

No me imaginaba por los caminos que me llevaría a recorrer, cuando un día me invitó a que la acompañara a una marcha de orgullo gay. Era importante, para ella y para otros, que se supiera que habían padres que apoyaban a sus hijos e hijas homosexuales. No solo la acompañé, sino que les pedí a sus amigos y amigas que me identificaran como padre de una lesbiana, escribiéndolo en mi camiseta. Las implicaciones fueron obvias. La prensa escrita y radial nos convirtió en una de las noticias principales de la actividad, y mi hija "salía del closet" públicamente, siendo una de las noticias de casi todos los noticieros radiales de ese día, y la primera plana de uno de los periódicos del otro día. Otras consecuencias de nuestros actos fue el que participáramos en un programa de entrevistas en la televisión nacional junto a otros padres y en el Show de Cristina en la televisión.. No fue espontáneamente que se dieron estas acciones; al contrario, Mariana y yo las discutimos con todas sus implicaciones y decidimos participar y actuar porque entendíamos que adelantarían la lucha de la comunidad homosexual, y que por lo tanto era nuestra responsabilidad. Fue extraordinario que la entrevista en televisión en Puerto Rico se programó para un Día de los Padres, y que las reacciones de mucha gente que nos conocía hayan sido de mucho respeto; en muchos casos de apoyo hasta un punto que no podíamos imaginarnos. En un momento muy simpático resultó que, fuera de cámara, Cristina le preguntara "qué había que hacer para tener un padre tan chulo como ése."

Sucedieron tantas cosas y tan rápido que luego fue que pude comprender el grado de compromiso que mi hija tiene con reclamar su espacio y ayudar a otros y otras que decidan reclamar el suyo. En todo ese proceso me he sentido con la necesidad y la fortaleza para defender las decisiones de mi hija. También me siento agradecido de que el resto de nuestra familia y amigos han sido a su manera solidarios, y de que ellos escogieron cuestionar muchas de sus creencias y conceptos sobre la homosexualidad. Puede ser que, como Mariana decidió irse a los Estados Unidos a trabajar, no estaba presente en la vida cotidiana de nuestra familia, y eso tal vez no haya permitido que ellos demostraran sus actitudes homofóbicas que, por formación cultural, sabemos que muchos y muchas albergan en su interior. Sé que junto a ellos y ellas Mariana se ha sentido muy cómoda en las ocasiones que nos han visitado y compartido con nosotros. Veo también como la experiencia nuestra les ha permitido a otros familiares nuestros manejar responsablemente le realidad de enfrentarse a tener hijos e hijas que les manifiestan ser homosexual.

No sabría decir qué especificamente me ayudó a responder como un padre cariñoso y solidario con mi hija. No es esa realmente la conducta que estamos acostumbrados a observar de padres que son varones machistas, que viven en pueblos pequeños donde todos se conocen, en comunidades religiosas y conservadoras como es Camuy, donde vivo, y de una tradición cultural homofóbica. Tal vez han sido mis largos años de activista político y sindical con una formación socialista, o quizás mi experiencia de treinta años compartiendo con jóvenes adolescentes como maestro de escuela secundaria. Tal vez fue el hecho de ser padre divorciado que mantuvo siempre la responsabilidad de criar a sus hijos, aunque compartiéndola con su ex-esposa con la cual siempre hemos mantenido una relación de respeto luego de más de quince años de separación. Quizás ha sido la suma de todas esas cosas.

Lo importante después de todo es que Mariana y yo hemos quedado sorprendidos con la manera en que han reacionado nuestros familiares y la comunidad en general. Escuchar a mi padre, el abuelo de Mariana, al otro día de las noticias en los periódicos, expresarnos su admiración y respeto por el valor que habíamos demostrado y decirnos que sentía que ahora la quería más, que contáramos con su apoyo, y que no permitiría que nadie nos ofendiera, fue verdaderamente alentador. Recoger en la calle expresiones de simpatías y apoyo, incluso de personas que no conocía personalmente, fue señal de que fue correcto todo lo que habíamos hecho. Incluso los que no aprobaban nuestras acciones fueron respetuosos en su silencio. Sentíamos cómo si se estuvieran abriendo espacios de tolerancia, de respeto, de aceptación. Sentí que para muchos era importante cumplir con la responsabilidad de padre de apoyar a sus hijos en sus decisiones y más cuando esas decisiones eran fundamentales para la existencia de esos hijos. Sí, para mi fue significativo ese apoyo así como las reacciones de la gente que me hacían sentir más fuerte para enfrentar todo el discrimen y rechazo que pudiera existir, pero más importante aún eran para mi hija, que sería la que tendría que enfrentar la descriminación y el rechazo de la sociedad diariamente. Apoyándola en su decisión, me sentí más cercano a mi hija y descubrí cuánto han crecido en madurez y comprensión muchos de los que son parte de mi familia y amigos.

Un par de años más tarde, mi hija vino de vacaciones y trajo a su pareja con ella. Las dos compartieron en familia y entre amigos con mucha aceptación. Estimo que también mi hija se siente en libertad y no observo que se sienta incómoda como tampoco su pareja. Tal vez somos todos cómplices en estar construyendo maneras nuevas de convivir en una pequeña comunidad como la nuestra que permita que nuestros hijos e hijas puedan desarrollarse plenamente sin que importe sus preferencias sexuales, y además de eso que lo puedan hacer contando con el apoyo y el cariño de toda su familia.

Quizás en todo el silencio que muchos manifiestan aún se esconden los miedos, los prejuicios, y la ignorancia, pero es alentador saber que todas esas cosas pueden ser superadas. Quisiera ver en muchos otros y otras la felicidad que veo en mi hija Mariana al haber superado el temor de no ser aceptada por los seres que ella más quiere y más cerca tiene, que son sus padres, los miembros de su familia, y sus amistades.

"Papi, ¿qué tú dices si uno de tus hijos te dice que es gay?" Esa fue mi pregunta. Recuerdo el alivio que sentí con las palabras que papi me dió. No recuerdo con exactitud su respuesta, pero sé que fueron palabras de apoyo y de amor. Saber que la relación entre mi papá y yo no cambiaría para mal me hizo sentir que todo estaba bien.

Aunque no tenía muy claro lo que significaría estar *fuera del ropero*, pues apenas comenzaba a compartirlo con mis papás y con una que otra amistad muy cercana, yo estaba consciente de que mi vida y mi decisión de ser abiertamente lesbiana no iba a cambiar mi vida a pesar de la reacción de la gente con la que crecí, mi familia. Saber que papi respetaba y apoyaba esa decisión me dió más fuerzas, pues sabía que no estaba sola.

En una de nuestras primeras conversaciones sobre lo que significaba para mi salir del ropero y saber que él me apoyaba, papi dijo algo así, algo que recuerdo haber escuchado muchas veces mientras crecía, sobre todo en conversaciones entre papi y otros adultos: "nuestros hijos no nos pidieron venir a este mundo, mundo que es dificil de por sí, y si como padres no les apoyamos ¿quién lo va a hacer?"

No crean que mi papi apoya todo lo que mis hermanos, mi hermanita, y yo hacemos, pero sí está claro que cuando se trata de decisiones e ideas que no hacen daño al bienestar de otra gente, él está ahí con nosotros. Y así fue. Mi papi estaba y está consciente de que el ser lesbiana es parte de mi identidad como ser humano, de lo que soy y de quién soy. El sabe que la única razón por la que quién yo soy puede afectar a otros seres humanos es porque rompo su norma, su manera sencilla y cómoda de ver a otros y de vivir la vida. Y en realidad, eso para mi no es un problema ni es *mi* problema.

No deseo cambiar lo que soy; por el contrario, lo celebro y se lo agradezco a la vida. Lo agradezco porque me acerca a mi papá, porque me permite cuestionar las normas y qué o quién las establece, porque me permite explorarme más íntimamente.

Es así que mi papá ha estado siempre conmigo, aunque ya no estemos cerca. Donde esté, papi me reta a ver el mundo y la gente con los ojos del corazón y con los brazos abiertos en solidaridad. Papi me ha enseñado a luchar por mis convicciones así como a cuestionar los sistemas y las normas. Y son esos los principios y los valores con los que alimentamos nuestra relación. Son esos algunos de los principios y valores que han dado forma al ser humano que soy.

Mi orientación sexual marca y le da forma a mi vida, tanto o más que el montón de otras identidades que me hacen. Soy mujer, y cuestiono mi género. Soy puertorriqueña, y vivo en los Estados Unidos; soy latina, y hablo español; mi piel es clara. Algunas de estas identidades me dan privilegios en el mundo; las otras me pueden cerrar puertas. Con mis privilegios intento devolverle a la vida lo que me ha dado, pa' darle a otras y otros que no tienen. Y las identidades que, a los ojos del mundo, me cierran puertas, no intento esconderlas. Las seguiré celebrando, pues es a mí a quien celebro.

Como me escribe papi en sus cartas: " hija, el mundo es tuyo, cuídate, quiérete. Te quiero. Papi." GRACIAS PA'.

Hablando de su hijo, Tomás

BIBI ANDINO

Tomás fue el mayor; después tuve a Lourdes, a Leslie, y a Luis Rubén. Este matrimonio duró poco, como siete años. En ese tiempo, seguí estudiando y aquí en Nueva York me gradué de enfermera, porque allá en Puerto Rico fui enfermera practicante. Soy de Rio Grande, Puerto Rico. Al divorciarme de mi esposo émigré para los Estados Unidos sola, y a los seis meses mandé a buscar a mis hijos. Eso fue en el '65.

De ahí fuí, cogí welfare, y como que tenía cuatro muchachos, me puse a trabajar y también me puse a estudiar. Vivíamos en el pueblito de White Plains, al norte de Nueva York. En ese medio, mis hjos se graduaron de cuarto año y todos siguieron estudiando. Tomás se graduó de la FIT en Nueva York. Lourdes quién se había quedado con mi mamá en Puerto Rico, se vino y estudió en Hostos para ser trabajadora social. Hoy en día ella vive en Puerto Rico. Leslie se metió en el army, en el ejército.

Mi vida mayormente transcurría en NY. Allí había mucha incomprensión para Tomás. Vivir allí, como era gay, casi todo el mundo en el proyecto le decía algo. El decidió mudarse para Springfield, Massachusetts con Sammy.

De pequeño, Tomás era un amor. Yo siempre fui notando que le gustaban cosas que no eran típicas de varones, pero otras cosas. Le compré una guitarra para ver qué le parecía, pero no le gustó. Aunque no me decía nada, tampoco las aceptaba. Uno le compra sus carros, sus pistolas, y sus otros juguetes de niños, pero ellos eligen. Entonces, con Tomás, yo me fui imaginando que era diferente. En vez de jugar con sus juguetes de varones, lo que le gustaba era que yo le enseñara a tejer y a cocinar, y aprendió a cocinar bien rico. Después, cuando asistió a FIT para aprender diseño, ví que tenía mucho talento para eso. Ví que iba por otro camino que no era el del varón tradicional.

Le gustaba bailar mucho; era un bailarín famoso, y en Puerto Rico le otorgaron premios. Esas son cosas que uno ve y se da cuenta de cómo va a ser su futuro. Cuando él era joven, yo me senté a hablar con él, más nunca me dijo nada. Pero yo ya lo sabía. En aquel tiempo parece que él no se atrevía a hablar de eso y, cuando yo se lo dije, él no me dijo ni que sí ni que no, pero el que calla, otorga. Yo creo que no me dijo nada en aquel entonces porque él sabía cual iba a ser mi reacción.

Un día yo tuve una discusión con mi hermana; fue una discusión acerca de algo en que no tenía que meterse el nombre de mi hijo, porque era algo entre ella y yo. Ella me dijo, "¡Ah! ¿Que tú no sabes que tu hijo es pato?" Y yo le dije, "sí, mi hijo es 'pato,' pero gracias a Dios salió de mi vientre, y como salió de mi vientre yo no lo voy a rechazar, porque es mi hijo y yo lo voy a apoyar en lo que él quiera. Si tú no lo quieres aceptar, eso es cosa tuya, pero sea pato o sea lo que sea, yo lo acepto."

Su padre nunca lo aceptó. Una vez me escribió una carta para decirme, "Oye, Bibi, dicen por ahí que Guayubín es pato," (que era su apodo) y yo le contesté que "sí, es pato, es gay, y si tú no lo quieres aceptar es problema tuyo, pero él es muy decente, y ojalá que todos los gays fueran como él porque es muy decente."

Creo que a Tomás no le dolía; él iba y saludaba a su padre, pero no tenía una relación muy cercana con su papá. Fue conmigo que se sintió muy unido.

Una vez Tomás me escribió una carta diciéndome que quería ponerse hormonas para hacerse la operación, que se sentía que estaba en el cuerpo equivocado. Esto fue cuando él vivía en Springfield y yo en Nueva York. Yo vine y le dije a él que para qué se iba a hacer la operación, que si iba a ser como era, por qué no se quedaba así, pero también le dije que eso era su decisión y que yo lo apoyaba en cualquier cosa que hiciera. Después decidió no hacerse la operación, y para ese entonces él se sentía mas cómodo hablando conmigo de esas cosas. El supo que cuando yo era joven yo tuve muchos amigos gay, pues al pasar los años mis amistades gays fueron sus amistades también. Cuando yo me divorcié, mis amigos gays fueron mis amigos varones, y Tomás siempre fue parte de ese grupo con nosotros.

De su amistad con Feliciano, Jesús, Jorge, y todos esos muchachos, fíjese usted lo que es la vida que siempre pasaban la despedida de años conmigo. No se iban a sus casas con sus familias, pero venían disfrutar a la mía. Yo les dí a todos la confianza de estar conmigo, en mi casa, de hablar conmigo. De Jorge, puedo decir que para mi ha sido un hijo, y que no hay diferencia entre él y mis otros hijos. Yo lo adoro. Tomás lo conoció en Puerto Rico y lo invitó para Nueva York. Jorge se vino a vivir con él. El fue muy bueno conmigo y con mi hijo cuando Tomás se enfermó. Jorge estuvo en la cabecera de mi hijo hasta que él murió.

En Puerto Rico, Tomás bailaba, y ganó premios. El aparecía con Sofie la cantante. Aquí, su último trabajo fue en el cable. Todo el mundo lo quería mucho. El cosía, hacía ropa, hacía shows, imitaba a Diana Ross, y daba show en el club de aquí. Su vida fue siempre muy activa; tenía mucha gente alrededor, y todo el mundo lo quería mucho.

No sé exactamente el año en que se enfermó, porque yo vine a saber que estaba enfermo cuando él me lo dijo en el '93, y murió en el '94. Fue a Jorge a quién se lo dijo primero. En ese tiempo, le pregunté, "Guayubín, ¿qué te pasa?"pues tenía una pierna mala. Y le decía, "pero hijo, tienes que ir al doctor." Un día mientras comíamos yo le dije que íbamos a comprar una casa entre los dos, y fue entonces que él me dijo, "mira mami, yo no puedo. Estoy enfermo, y tengo AIDS." Entonces fue que yo supe, y eso me cayó, como…. En ese entonces, no habían las posibilidades que hay ahora para manejar la enfermedad. Hoy, aunque la gente esté enferma, se les ve saludable, pero entonces no había nada y las medicinas eran bien caras.

Mi hijo fue muy bueno.

En un tiempo, cuando vivíamos juntos, una amiga vivió conmigo en casa, y nos aceptamos los dos, aunque con ella no se llevaba muy bien porque ella bebía mucho. Con la segunda amiga que yo tuve, él se llevaba muy bien. Esta amiga ha sido parte de nuestra familia. En cuanto a mi familia de sangre, solamente a mis hijos tengo. A mi no me busca ni mi hermana, y hace más de un año que no sé de ellos. Me buscan cuando me necesitan. Pero ahora en mi vida tengo a Ruby, a Piti, a Santi, a Pedro, a Jorge, a Jesús, y todos me piden la bendición y son un amor. ¡'Tengo más familia que nadie! Todos eran amigos de mi hijo, y se han quedado en el núcleo de esta familia.

Estos amigos, todos me buscan. Cuando hay tormenta de nieve en Massachusetts, me llama Ruby para preguntarme qué es lo que me hace falta. El va a buscarlo para que yo no salga. También me llama Piti. Son todos conmigo como si yo fuera su propia madre. Y eso es un orgullo para mi.

Cuando era bien joven, no conocía mis sentimientos, y pensaba que esa solamente sería mi vida, los hijos. Pero ahora que soy mayor, me doy cuenta. A veces sucede que la primera persona de quién una se enamora es una maestra. Yo siempre le llevaba una flor a mi maestra, pero no me daba cuenta; pero eran detalles. Fue después de grande que pensé, bueno tal vez, en noveno o décimo grado, estaba enamorada de la maestra, y pensé que tal vez eso era lo que yo tenía. Ya cuando me mudé para Nueva York tuve un romance con una compañera mía de trabajo, una enfermera en el hospital, y pensé entonces que era bisexual, pero fue una relación de esas, pasajeras. Después, yo me di cuenta.

Nosotros le debemos dar confianza a los hijos para que ellos puedan decir lo que sienten. Ahora yo estoy criando un nieto, y siempre le doy la oportunidad de decidir lo que quiera. Debe escoger el camino que quiere, mientras que sea buena persona, porque lo importante son los sentimientos, no que sea gay o que sea straight. Lo importante es que tenga buenos sentimientos y que no maltrate a los demás. Yo siempre ayudé a todo el que pude, y conozco a muchos muchachos que han sufrido mucho a causa de que son gay.

Anoche mismo conversé con un muchacho que conocía cuando estaba todavía en Puerto Rico. El sufrió mucho porque su papá lo corrió con un cuchillo de su casa, pero yo le abrí las puertas de mi casa y él se vino a vivir conmigo. Cuando yo me vine a Nueva York, yo le dije, "Cándido, no te apures; cuando yo llegue a Nueva York y empiece a trabajar, yo te voy a enviar un pasaje." Efectivamente, lo primero que hice cuando vivía todavía en el Bronx fue mandarle el pasaje a Cándido. De eso hacen 21 años, y Cándido trabaja todavía allí en la corte, pero dondequiera que esté, él me llama. Otro que recogí en mi casa fue Wilfredo porque su papá lo botó, y la hermana le vino a decir que él era "pato" y que no lo querian; entonces, a él también le abrí las puertas de mi casa. Estos muchachos no encuentran comprensión, y muchos se matan.

Cuando yo vivía frente al Yankee stadium, todos los muchachos de Massachusetts venían para ir a bailar en el club en "La Escuelita." Se reunían en mi apartamento. Allá yo vivía en el piso 29, y en el 27 había una señora que decía, "ya llegaron todos los patos a casa de Bibi; debe conseguir un plumero." Bueno, sin embargo, el hijo de ella también le salió de lo más gay. Y yo dije, *la gente que vive con techo de cristal, no debe tirar piedras.*

JORGE IRIZARRY, SOBRE SU HERMANO, TOMÁS

Nunca me dijo adiós, aunque sabía que iba a morir. Cuando le dije adiós, sus ojos abiertos, por primera vez sin expresión, inertes, no respondieron. Ambos habíamos hablado a menudo sobre la muerte, su muerte. A veces me preguntaba, ¿soy inmortal? ¿No puede pasar el proverbial camión que me comprimiera en la calle para poder morir primero?

Tres años antes me dijo que la prueba del HIV le había resultado positiva. Tres meses antes enterramos a Feliciano, nuestro otro hermano, que también murió de SIDA. Feliciano nunca se lo dijo a nadie, excepto a mi, porque estaba empeñado en morir solo, ya que vivió preso de todos los miedos y estigmas que acompañan a un diagnóstico de VIH positivo. "Conmigo no será igual; yo se lo diré a todos, pués no tengo nada de qué avergonzarme," me aseguró Tomás. Yo por mi parte le prometí que lo apoyaría siempre; luego de enganchar el teléfono (pués él vivía en Massachusetts y yo en Puerto Rico) lloré. A veces me pregunto por qué no lloré con él.

Poco a poco, según mi hermano se sintió fuerte para hacerlo, fue notificándole a la familia sobre su diagnóstico; siempre mantuvo el control y siempre les dio fuerzas y energías. Yo con mis pocos conocimientos les hablaba de células T-4, del significado de tener menos de doscientas, menos de 50, de enfermedades oportunistas, de respeto, y de dignidad. Mi hermano nunca fue víctima del SIDA; él vivió a plenitud junto con el virus, porque después de todo ambos compartían el mismo cuerpo.

Juntos aprendimos a reirnos del virus; juntos aprendimos a hablar de la muerte, sin miedo, sin dolor. Mi hermano vivió una buena vida, llena de amor, de amigos, de amantes; su honestidad mantuvo a su familia cerca de él todo el tiempo. Después de mudarse a Massachusetts, logró mudar de los proyectos en Manhattan primero a su madre y luego a dos de sus hermanas y sus sobrinos. Siempre fue el eje de la familia, familia que hizo mía. Cuando me fugué a Nueva York como adolescente, mi hermano no solo me dió techo sino que me dio toda una familia.

Todavía hay quién afirma que los homosexuales vivimos solos y sin familia, incapaces de amar, de conectarnos con otros seres humanos, ¡qué poco conocen del ser humano! Y de la capacidad de amar y sobrevivir aún en sociedades que nos condenan y persiguen. Recuerdo hablar con la madre de mi hermano, nuestra madre, y oir que me decía, "no creo que llegues a tiempo; está muy debil." Yo le aseguraba que "él me esperará," porque solo me quedan los exámenes finales y no podía ir a Nueva York sin terminarlos. Por dentro, yo me angustiaba porque le había prometido que iba a estar a su lado al final.

La noche que llegué, ví sus ojos y su sonrisa tan pura y expresiva como la primera vez que lo conocí quince años atrás. Su mirada siempre fue un bálsamo para mi mente, un aliento, una flor en un escenario árido. Una vez hace años descubrimos que no importaba cuánto tiempo estuviéramos sin vernos, sin hablarnos porque siempre que nos encontrábammos, una sola mirada nos bastaba para reafirmar que todo el calor, todo el amor, seguía intacto. Vivimos intensamente. Tanto dolor y tanta alegría compartimos juntos que muchas veces no necesitamos de palabras para hablarnos; nos mirábamos y al entender que nos habíamos leído el pensamiento, reíamos. En esos tiempos pensábamos que éramos inmortales, y nos reíamos de quién iba a empujar a quién en la mecedora cuando fuéramos viejos.

Pero mi hermano no iba a llegar a ser viejo. Ese último mes, ví su cuerpo decaer y sentí su tristeza el primer día que no pudo ir al baño solo y tuve que ponerle un pamper. Nos reíamos planeándo la fiesta que quería que le hiciéramos cuando muriera, fiesta en la que él estaría presente, en su urna. Recuerdo bañarlo como a un niño, limpiar su cuerpo fláccido hecho de la *Salsa* que dio tanto placer a tantos hombres. Mi hermano fue un gran bailarín, y él lo bailaba todo, desde el mambo hasta el hustle. Tantos y tantas aprendimos a bailar con él.

Mi hermano, junto con su doctora, decidió cuándo dejar de tomar medicinas para llegar al fin; él siempre estuvo en control. Ese día lloré mucho, pero no dejé que me viera llorar porque yo le había prometido apoyarlo. El me dijo que ya estaba listo, que no quería depender de nadie para subsistir artificialmente. Firmó para que yo tomara las últimas decisiones, y me pidió morir en el apartamento dónde vivió durante 10 años; no quería morir en un hospital.

Una semana más tarde, cayó en coma, y sus familiares estuvieron con él, pero sus amigos nunca lo dejamos solo. Recuerdo que dos noches después les pedí a todos que se despidieran de él. Su hermana había viajado desde muy lejos por tercera vez ese mes para visitarlo, y ella al verlo tan grave también se despidió. Esa noche le dije al oído que podía partir, que todos estaríamos bien. Por primera vez esa semana estuvimos solos el y yo como tantas otras veces, pero esta vez yo no lo sentía presente, no podía leer su pensamiento. A las pocas horas, mi hermano, quién me amó y a quién amo intensamente, partió. Ese día alguien me preguntó si yo era hermano del que murió, y yo le dije, "no, yo soy hermano del que vivió."

---

*Publicado originalmente en *Dialogo, Poder Estudiantil,* y *La UPI,* de la Universidad de Puerto Rico, 1995

Mi hijo, Jorge

LOLÍN VIZCARRONDO

Yo nací en el pueblo de Carolina, Puerto Rico. Eramos seis mujeres y un varón. Nos criamos como los muchachos de antes, con una disciplina rígida, pero íbamos a la escuela y jugábamos, y el vecindario era como una familia. Mi madre se preocupaba mucho de nosotros, de que fuéramos al colegio e hiciéramos las asignaciones. Mi padre igual, pero estábamos mucho más con ella que con el papá. Mi papá era músico, era compositor, era poeta, pero trabajaba de cartero y se jubiló como cartero. Fue director de escuela. Estudió en la universidad de Puerto Rico, en Río Piedras. Los poemas que escribía eran afroantillanos, poesía negroide, como le llamaban aquí. El hizo mucho por la poesía del país.

El siempre defendió su raza negra. Una vez se ganó un premio literario y, por ser negro, no se lo dieron. Eso fue cuando yo era pequeña. Ahora, me llaman del instituto de cultura de algunos pueblos para recitar su poesía.

Yo siempre dije que iba a ser actriz, pero también me gustaba la carrera de enfermera. Fuí a estudiar, y al segundo año, mi mamá enfermó de leucemia. Como mis hermanas trabajaban para mantener la casa, yo tuve que dejar de estudiar y cuidar a mi mamá hasta que murió de esa enfermedad. Después no quise volver a estudiar porque pensé que, si no pude salvar a mi mamá, entonces no quería ser enfermera.

Me casé a los 24 años, y tuve tres hijos, Jorge—Yoryie—, Rosangie, y Mónica. Perdí dos hijos en condiciones trágicas. Cuando estaba encinta, me pinché el dedo y me dió una infección. Cuando yo estuve trabajando para una señora en administración, ella vió lo que me pasó y me llevó al médico, pero al médico no se le ocurrió preguntarme si yo estaba embarazada y a mi no se me ocurrió decírselo; entonces, él me puso una inyección contra el tétano. A los 20 minutos, me empecé a sentir mal y tuve que ir al hospital. Así perdí a la criatura. Después, con el otro, me caí y lo perdí, aunque no fue una caida muy grave.

Trabajé con una doctora que era anestesióloga. Cuando llegaban los otros médicos y no tenían asistentes, a veces yo les recibía el dinero de los pacientes, les hacía el favor; pero a mi no me decían que era la secretaria de la doctora sino que era la cobradora, porque como yo era negra no podia ser secretaria, y entonces me decian *la cobradora*.

Mi esposo no quería que yo trabajara allí, aunque la doctora era una persona muy buena. Siempre mi esposo creyó que yo debía de quedarme con los nenes en la casa.

Yoryie es el primero. Fue un niño muy bueno y siempre fue muy disciplinado. También fue muy inteligente y le gustaba mucho leer. Yo me acostaba con ellos a leer, y él captaba la lectura muy rápido y se ponía a leer también. Igual fue Rosangie, pero Mónica salió más bravita. A Yoryie le gustó la literatura, como al abuelo, y escribe muy bonito. Escribió mucho aquí en la universidad para revistas como *Caridad* y para el *San Juan Star*. Escribió acerca de un amigo que murió, Tomás.

El tenía muchos amigos y amigas, y siempre fue muy demostrativo con sus compañeros. Se fue a Nueva York a vivir con Bibi, una señora que ha sido muy amable y lo ha tratado muy bien. Somos muy buenas amigas y nos queremos mucho. Ella ha sido muy cariñosa, y él dice que es su segunda madre porque ella siempre ha estado pendiente de él. Ellos tienen muy buenas relaciones, igual que tengo yo con ella.

Mónica está aquí en Puerto Rico. Mónica se casó y tiene un bebé. Rosangie está en la policía de Puerto Rico. Trabaja de tecnóloga en el departamento de familia, en relaciones con la comunidad, y tiene dos hijos.

La primera vez que supe algo así de mi hijo fue cuando me invitó a una reunión que hubo. Fue una fiesta para sacar fondos para los pacientes del SIDA, en una discoteca. Yo fui, y fue una actividad muy bonita. Los muchachos y muchachas me decían, "¡ay, si mi mamá fuera como usted! Yo no me atrevo a decirle nada." Bueno, yo creo que mis hijos son mis hijos y yo los quiero como Dios me los ha mandado, con sus virtudes y defectos.

Yoryie no era de los que me dijera nada; no estaba siempre hablando de estas cosas, pero sí llevándome a los sitios, y con los artículos que escribía, aunque nunca decía nada, yo sabía. Yo he estado siempre pendiente de lo que sucede, como la violencia en contra de ellos, que en algunas partes han matado gente, como a ese muchacho en Estados Unidos que lo amarraron de una verja, le dieron una pela, lo torturaron, y después lo dejaron que se muriera solo. Ha habido mucha violencia y mucha discriminación, y por eso yo he rezado a Dios para que levante su mano poderosa y acabe con todo esto, para que se respete a la gente homosexual como a todos.

Con todos estos muchachos que he conocido, he podido ver que son muy inteligentes, que son servidores, que les gusta servir y ayudar al prójimo y hacer trabajos de voluntario; les gusta cooperar, así es que no sé por qué la gente no quiere entender ciertas cosas.

Aquí las cosas están igual de malas porque hay mucho discrimen. Tal vez no haya tal persecución como allá, pero igual están tratando de pasar referendums. Tal vez el hecho de que yo reconozca mis derechos como persona de color también ayudó a que mi hijo se concientizara y batallara por sus derechos. Ahora, aquí hay un muchacho profesional que aspiraba para representante en la cámara; él es muy honorable y respetuoso, y sin embargo, se tuvo que retirar de la política porque recibió amenazas de muerte. Así es que las cosas han cambiado en Puerto Rico, pero no mucho.

Cuando Tomás, el amigo de Yoryie, se enfermó, Yoryie fue para allá porque ese muchacho estuvo enfermo como seis meses. ¡Pobre muchacho! Vino para acá unas cuantas veces, y se le veía que era un muchacho bueno. ¡Lo que no es decir que no hay sinvergüenzas también, como en todos los grupos! Pero él, y todos los que yo conozco, son muy decentes.

Lo que no está bien es que en la prensa y en la radio satirizan los temas de la homosexualidad para humillar a la gente, y uno debe escribir a los periódicos al respecto. Yo me siento muy orgullosa de mi hijo. El me quiere muchísimo y todos los días me llama, y a veces, ¡tres o cuatro veces! Los padres debemos de ser consientes, y si ellos tienen la valentía de admitir lo que les pasa, debemos apoyarlos en las actividades que tengan con los amigos de ellos porque por encima de todo son muestro hijos, y son primero que nada.

Mi hija y la familia

ADRIANA CARMONA DE ROMO

Recibí la noticia a través de una carta. Esta decía: quiero que sepas que soy lesbiana, y que comprendas que es necesario aceptarlo como es.

Mi esposo y yo no podíamos casi creer que pudiese ser verdad. Ella era la madre de nuestro nieto. Aunque sospechábamos que no era feliz en su matrimonio, jamás nos pasó por la mente que ese pudiera ser el motivo por el que ella se separó de su esposo.

En realidad, lo que más nos agobió fue el futuro de nuestro nieto porque decidió la corte que se quedaría con su padre. Teníamos temores que no nos sería posible tener un constante contacto con el niño; y esos temores fueron confirmados a un extremo inconcebible cuando el juez decidió quitarle los derechos de madre a mi hija a causa de que declaró ser lesbiana.

Mi hija sufría inmensamente con esa situación. Conocíamos su total honestidad, y no dudábamos que esta confrontación con ella misma fue sincera, pero muy difícil.

Nuestra familia siempre fue muy unida, por lo que decidimos darle a conocer los verdaderos motivos del rompimiento del matrimonio de Mariana a nuestros dos hijos menores.

Ellos eran muy jóvenes aún, pero se dieron cuenta que drían que enfrentar a sus amigos cuando se enteraran, y pasaron muchos años antes de que pudieran aceptar a su hermana como siempre lo fue, la misma hermana de siempre.

Un día conocimos a su compañera y a su familia; creo que ellos también aceptaron la decisión de su hija y la nuestra. Sin embargo, jamás pudimos conversar acerca de las relaciones lesbianas de nuestras respectivas hijas. Yo hubiese deseado poder hacerlo, pero cuando intenté llegar al tema, una vaga tensión de sus caras me impidió hacerlo. Cuando se abría el tema, con un tacto excesivo, el tono de conversación cambiaba y se tornaba superficial. Traté muchas veces de ser una amiga de más confianza con la madre de ella, pero las evasivas fueron obvias; lamento que haya tenido desconfianza porque estoy segura que nos hubiese sido beneficioso para ambas madres el hablar acerca de las relaciones de nuestras hijas.

Asistí varias veces a reuniones gay de soporte moral, como a Las Buenas Amigas, lecturas, y a otras cosas. Pude apreciar lo que cada una de esas mujeres sufrían al sentirse relegadas de sus familias y de casi la totalidad de sus amistades. Me sentí entonces más cerca de mi hija.

Hace un tiempo atrás, decidí dejarles saber acerca de mi hija a uno de mis hermanos y a una sobrina que nos vinieron a visitar en Nueva York; detestaba eso de llegar casi al tema y dejar la frase en suspenso. Pude notar lo incómodo que ambos se sintieron cuando les hablé acerca de ese tema, aunque sabía que lo sospechaban. A pesar de eso, ellos nunca esperaron que les fuera confirmado así de repente.

En varias ocasiones, mi sobrina mostró interés en que le explicara mi punto de vista acerca de lo que escribía su prima Mariana, mi hija mayor. Me dijo que era una lástima que ella no podía leer sus cuentos porque estaban escritos en inglés; yo le mostré algunos que aún no le había mandado y que sí estaban escritos en castellano, y ella los leyó conmigo.

También revisamos álbums con fotografías de cuando yo vivía en Chile, y le causó gran admiración encontrar fotografías de su hermano y de ella cuando eran pequeños, de sus padres, así como de toda nuestra familia y de la de mi esposo.

Quiso que le contara de nuestra vida en USA, de su dos primas y primo.

Mientras miraba fotografías de Mariana y de su compañera, June, comentó de lo lindo y cómodo que era el apartamento de ellas. Era claro que tenía curiosidad de saber más detalles de la vida de su prima. Finalmente le dije:

"Mariana y June viven juntas desde hace muchos años; ellas son lesbianas y June es parte de nuestra familia."

Ella giró la cara hacía mi, pero no su vista, y hubo un silencio; sus ojos tardaron unos segundos antes de mirarme.

"¡Aah! yo me lo sospechaba, cuando tiempo atrás usted me escribió que ella tenía intereses feministas."

Entonces me recordé que en una de sus cartas me preguntaba qué clase de libros Mariana había escrito; yo le expliqué en tono general de sus actividades culturales y contactos culturales con jóvenes escritoras latinas.

Me sentí incómoda al darme cuenta de lo que implicaba su frase : "yo me lo sospechaba." Entonces pensé en su interés acerca de la vida de mi hija. ¿Me preguntó acerca de ella por timidez o por curiosidad morbosa? Me sentí adolorida por mi hija por las cosas negativas que piensa la gente y además por tener que explicarle a un familiar que estaba de visita en mi hogar.

"Sobrina, vas tú a votar cuando hay elecciones presidenciales o para otros dignatarios de gobierno?"

Ella me miró interrogante y sin decir nada.

"Ese derecho lo hemos obtenido gracias al esfuerzo de mujeres, especialmente aquí en este país; sus vidas fueron muy azarosas y llena de peligros, prisiones y abusos; hoy día se les recuerda con respeto. Nunca se dice que si fueron unas lesbianas las que consiguieron el derecho del voto femenino, aunque posiblemente hubo muchas que sí lo eran, pero esos eran detalles de su vida íntima, y eso no resta importancia a los ideales políticos de esas mujeres.

"Hay mujeres doctores, abogados, ingenieros, concertistas, y de todas las profesiones imaginables, y muchas de ellas pueden ser lesbianas.

"Tu tío abuelo era gay y dedicó su vida a diseñar jardines. El quiso mucho a su familia, y muy especialmente a mi papá, que lo trajo de Antofagasta a Santiago a vivir con nosotros y le enseñó las bases de jardinería; luego lo llevó a trabajar en la Municipalidad de Santiago. Mi tío, era de una gran capacidad para apreciar las cosas bellas y se destacó en el diseño de parques y jardines, en otras municipalidades; su talento llegó hasta a la Provincia donde había nacido, a pesar de que salió de allí pobre y sin profesión. Trajo a su madre, tu bisabuela, y la llevó a su departamento a vivir con él por muchos años.

"Entre otras muestras de su generosidad está el que él pagó los gastos de la celebración del matrimonio de tus padres en la casa de su otro hermano. Compró el mausoleo de la familia a nombre de su padre, para que todos nosotros tuviésemos un lugar digno donde pudiéramos ser enterrados.

"Es una lástima que no toda la familia reconoció la gran bondad que siempre tuvo él con los sobrinos."

Mi sobrina contestó, reponiéndose de mi pequeño discurso.

"¡Oh! sí tía, él nos regalaba cosas lindas todas las navidades! Silenciosas, seguimos mirando fotografías por un rato.

"Tía, ya son casi las cinco, ¿vamos a preparar las onces?"

El amigo de mi sobrina había despertado de su siesta, y se unió a los preparativos del té.

Algo similar pasó con mi hermano. En fin, me sentí desilusionada, pues ellos conocían a su prima y sobrina desde pequeña y sabían de su bondad e inteligencia, pero habían escogido reconocer solo parte de ella. Yo esperaba que me dijeran que la querían igual que siempre, pero en vez de eso lo que veía eran sus expresiones en blanco; y en ese momento compartí un poco más el ostracismo familiar de mi hija.

¿Por qué espera la gente una confirmación de sus sospechas? ¿acaso es más importante saber de las preferencias sexuales de un amigo o familiar que conocer y apreciar los valores espirituales o intelectuales de esa persona?

Me parece que las personas gay, al contrario, no tienen interés ninguno en el comportamiento íntimo de las vidas de los individuos heterosexuales.

Sufro por el destino de mi hija, aunque no debiera ser así.

Después de todo, no creo que mis confidencias para con mi familia sean necesarias; el problema de su incomprensión es un problema que deben resolverlo sin mi ayuda.

Ya era tiempo

Juán José Romo

Hace pocas semanas atrás, cuando llegué a nuestro apartamento en Manhattan, mi esposa me dió la noticia que Mariana estaba preparando una antología con opiniones y relatos de los padres de hijos gay. Nuestra hija ya le había preguntado a ella si le era posible escribir algo al respecto, y no me sorprendió que mi esposa ya estaba escribiéndo un segundo relato de su experiencia personal.

Al leer los escritos de mi esposa, me pareció que era hora que yo dijera algo al respecto. En realidad, yo no sabía como enfocar algo que nos había hecho cambiar de punto de vista en forma tan diametral, desde que supimos que nuestra hija mayor era lesbiana.

El aspecto de la homosexualidad no era ajeno a nuestra familia; teníamos un tío del cual estábamos seguros de que era gay, pero años atrás no se hablaba de ese tema abiertamente. Incluso tuvimos un presidente militar que mandaba a capturar personas homosexuales para llevarlos a un barco, y cuando estaban en alta mar, les amarraban una pesada piedra en los pies y los tiraban al mar. Esto lo sabía todo el mundo.

También, dos de mis primos se suicidaron; en la familia era un secreto a voces que escogieron la muerte al no poder soportar el trato frío de su padre. Recordé ese episodio con pena porque ellos eran promisorios como escritores, y siempre fueron muy afectuosos con toda la familia y amigos. Así y todo, dejé pasar algunos días sin decidirme a escribir algo que describiera mis sentimientos con respecto a nuestra propia hija.

Mi vida es bastante ocupada. Debo ir cada día a trabajar y a estudiar en un college para obtener un título de ingeniero mecánico, a esta edad avanzada. Sin embargo, la introducción a este tema llegó de forma inesperada y más fácil de lo qué imaginé cuando llegué a trabajar en el departamento de ingeniería y me encontré con un joven compañero y amigo que nos visita con frecuencia. Sus familiares se encuentran en China, y sus visitas le hacen recordar a su familia.

Sucede que él y yo somos asistentes de profesores durante el verano, y a veces hacemos intercambio de ideas acerca de cómo reaccionar con las opiniones personales de diferentes alumnos. Esta vez le conté que cuando había introducido el tema de las coordinadas polares, mencioné el nombre de Renée Descartes. Uno de los alumnos dijo: "Renée es un nombre de nujer, ¿acaso él era un homosexual?" A lo que yo le contesté: "Renée es un nombre común en Francia, y con respecto a su orientación sexual, no tengo idea si lo fue o no. En todo caso, si lo fue, pienso en lo difícil que era en esa época introducir sus avanzadas ideas filosóficas y teorías de matemáticas, y no creo que hubiese sido fácil dar a conocer sus preferencias sexuales."

El resto de la clase, casi al unánime, quisieron saber el por qué. Y esto me permitió seguir con mi clase, contestando que las teorías de Descartes originaron el más severo cambio en nuestra manera de manejar problemas de geometría. Junto con Fermat, Descartes creó las fundaciones de la geometría analítica. La clase terminó sin ningún contratiempo, pero creo que un concepto importante se había introducido.

Hoy, los jóvenes todavía originan preguntas y controversias al más leve malentendido de los roles sexuales. En el caso de mis jóvenes alumnos, el tema importante de la contribución a la ciencia de las matemáticas de este eminente personaje los hizo volver a su trabajo. La opinión aprendida en el ambiente popular se vió opacada ante el avance científico de nuestros días. Pensando en lo que había pasado en mi clase reciente, le pregunté a mi amigo si su opinión hacia mi o mis trabajos cambiaría si le contara que una de mis hijas era lesbiana.

Mi amigo, sin titubeos, respondió, "por supuesto que no."

Le mostré el libro mas reciente de mi hija Mariana, y agregué: "Mi hija es miembra activa del proyecto de historia lesbiana latina.

"Yo lo entiendo," respondió.

"¿Tus amigos, lo entenderán también?"

"Posiblemente no todos. Algunos pudiesen pensar que fue culpa suya porque ella escogió ese estilo de vida."

"Y ¿crees que esa posible actitud sería la acertada?"

Después de pensar por un breve instante, él respondió, "John, me he dedicado a aprender y a dedicar mis conocimientos y energías para contribuir al progreso de la juventud de mi país. A esta altura de mi vida, no puedo dedicarme a influenciar en alguna forma las opiniones de mis amigos acerca de la tolerancia con respecto a las preferencias sexuales de los seres humanos. Así y todo, he podido comprobar que tanto en América como en China, las familias se debaten en conflictos en aceptar o no los diferentes puntos de vista de sus familiares. Yo no tendría ese problema."

Me alegré mucho de la amplitud de criterio de este amigo quien pudo discutir este tema en forma tan directa y sincera; él no se interesó en averiguar los detalles triviales, que es comunmente lo que le interesa a la gente. Incluso, mis alumnos jóvenes recién atravesando la pubertad, cuando pensaron seriamente, convinieron en forma táctica que la preferencia sexual de una persona era ajena a sus trabajos intelectuales.

En cuanto a Mariana, a quién mi esposa y yo queremos profundamente, la conocemos como una persona sensitiva, de gran bondad, honestidad, y de la cual nos sentimos orgullosos, y sus preferencias sexuales las consideramos absolutamente personales.

Crónicas de familia: Juana entrevista a Corina, su madre

¿Te acordás cuando te dije que era lesbiana?

¡Si! ¡Cómo no! Lo que yo me acuerdo es que vos me llamaste por teléfono, y me dijistes algo como que estabas enamorada. Y yo te pregunté con quién, y vos me dijistes con una mujer. Y sí, fue una sorpresa. Cuando corté el teléfono, me quedé pensando. Pensé, bueno, es una elección. Pensé, sí, no tenía que ver también con quién; por un lado con la relación con tu papá, también de alguna manera cuando ustedes crecieron... bueno, ahora no sé si tiene que ver o no, pero eso es todo lo que me pasó por la cabeza. Después pensé que lo más que me importaba es que vos seas feliz, y no me importaba mucho el sexo de la persona que vos tengas a tu lado mientras que sea una buena persona.

No me preocupa lo que yo pienso, pero sí me preocupa que la sociedad no está tan sólida, tan lista como para aceptar parejas del mismo sexo. Recién ahora salió la legislatura que permitió los mismos derechos a las parejas del mismo sexo. Y esas son las cosas que me preocupan, cuánto pueden sufrir por ser diferentes. Uno sufre cuando los hijos sienten dolor. Cuando sos madre, es así. No quiero que sufran.

Cuando decís que a lo mejor queres tener un hijo, yo siento que es hermoso. ¡Me encantaría ser abuela! Pero me da miedo y pienso, ¿qué va a pasar cuando ese chiquito o chiquita vaya a la escuela y tenga dos mamás? Si fueras una madre soltera, no sería tanto el disgusto porque hoy el mundo está lleno de madres solteras, pero si la nena o el nene va a la escuela y tiene dos mamás, ¿cómo será? Me pregunto, ¿hay muchos chicos que tienen dos mamás o dos papás? También hay una gran diferencia entre tener una mamá que dice que es lesbiana y una mamá que no lo dice.

Una vez que yo te dije a vos que era lesbiana o que estaba enamorada de una mujer, ¿le contastes a tus amigas?

Sí yo al principio conté y fui ingenua. Como yo me sentía cómoda, yo lo conté de la misma manera y recibí... vaya...gente que...muy poca gente en realidad, excepto mi pareja, que en ese momento lo tomó bien. En realidad mis amigos...tuve amigos con los cuales tuve discusiones y tuve por ejemplo una pelea. Y de ese momento decidí que nunca más con esa persona iba a hablar del tema. Y otros me dicen, y son gente culta y inteligente, "claro, me imagino el dolor; me imagino que pesado que es." Y a mi no me duele ni me parece pesado. Esa es la verdad. Y yo sé que ahora, si tuviera una pareja, ...no voy a tener una persona que esté mal con eso. Pero no por ustedes, pero sino por mí. Bueno, en realidad no lo cuento, pero si tengo que hablar de ustedes lo cuento como si fuera algo normal. Y si esa persona realmente...es difícil para mí también. Si es una amiga...sé que a veces con unos amigos no lo puedo hablar.

El impacto de tener dos hijas lesbianas, ¿cómo fue eso?

Me hizo pensar porque, pensé, ¿es mi culpa? Tuve que entender que no pasa por ahí, que no pasa por culpa.

Bueno, vos nos distes, a las tres, ideas feministas. Lo que importaba en nuestra casa era estudiar y tener una carrera, pero al mismo tiempo también nos distes el mensaje que nuestras vidas no iban a estar completas hasta que encontráramos novios.

No, en nuestra casa era muy claro que la mujer cocinaba, la mujer adornaba la casa, cuidaba los hijos, limpiaba, y el hombre arreglaba enchufes y planchas que se quemaban, cargaba el kerosén en las estufas, cortaba la leña. Los papeles estaban bien marcados.

La influencia de la familia...pero también la sociedad.

Sí, pasé por eso, por preguntarme por qué. Pensé, "¿es algo genético? ¿Es una elección?" Empecé a leer y a hablar con gente. Pero no tengo ninguna amiga que tenga una hija lesbiana. Eso sería interesante porque podríamos compartir la experiencia.

¿O un hijo gay?

No, tampoco. O amigas que tienen hijas pequeñas tampoco están dispuestas a pensar en la posibilidad. No les gusta nada la idea.

Y vos, antes del momento que yo te conté, ¿vos lo pensastes?

¿De que ustedes podrían ser lesbianas? No.

Para mí fue difícil, fue un proceso entender mi sexualidad porque no tuve modelos que fueran lesbianas, y especialmente no una lesbiana latina. Me acuerdo del día que yo me di cuenta de que Javier, el amigo de papi, era gay. Y me enojó que nunca ustedes me lo habían dicho. El un día se puso a hablar de su pareja, y ahí me dí cuenta pero en casa nunca se hablaba.

Bueno, el no era amigo mío; era de tu papá, y además, para mi fue más fácil aceptar a dos mujeres juntas, ver dos mujeres acariñarse o quererse, pero me resulta muy difícil ver dos hombres. Si [mi hijo] Tomás fuera gay, no sé si me parecería, bueno, a lo mejor sí, lo aceptaría, pero no tengo un hijo gay, solo hijas. En el día de orgullo por la primera vez vi mujeres que se abrazaban y se tocaban, y me parece bien, pero con hombres no. Con mujeres no me parece extraño. Entiendo la idea, entiendo por qué las mujeres eligen mujeres. No se por qué pienso eso, pero un amigo me dijo que a muchas mujeres les pasa eso y que no es una cosa tan extraña que yo tengo esa sensación.

¿Por qué piensas que es tan difícil para que la sociedad acepte que es una elección? Siempre están tratando de encontrar...

Dale, porque la elección es mucho más difícil. Si podés decir que es genético, nacieron con un gene que las hace ser así, es como que toda la sensación que es algo mal desaparece. Es como que hay que aceptarlo como alguien que nace chueco. Si vos pensás, hace 50 años en las escuelas cuando un chico escribía con la mano izquierda, que tiene que ver con una cosa motriz, las maestras le ataban la mano y le hacían cosas increíbles para que no usara la mano izquierda. Es espantoso. Ese tipo de cosas se hacían porque esa persona era distinta, porque el 98% escribía con la mano derecha. Y parecería que hay algo en la gente que cuando sos distinto no es bueno. Entonces para la sociedad, cuando alguien es diferente, eso implica que la gente se cuestione, que la gente se pregunte, y eso da miedo. La gente tiene miedo a preguntarse o a cuestionarse. Cuando lo de la mano izquierda se descubrió, que era del cerebro, la gente se quedó tranquila. Empezaron a aceptar la diferencia recién pudieron explicarlo a través de algo físico, pero ¿si no hubieran encontrado nada? Hasta ahora, lo que a mí me parece, me inclino más a pensar que es una elección.

Hablastes un poco antes de cuando yo te dije que era lesbiana que tenías ganas de leer cosas. Podés hablar un poco de los cambios dentro de ti misma, de las cosas que aprendistes...

¡Uy! Todo el tiempo. No solamente porque ustedes son lesbianas sino porque vivo acá [en Canadá]. Cuando vos me dijistes que querías tener un bebé, un hijo, al principio me dije, "¿como va a tener un hijo?" Y vos me hablastes de tus ideas, de inseminación artificial, y en algún momento pensé, ¿cómo puede ser? Pero cuando me pongo a pensarlo, "¿cómo puede ser? ¿Cómo puede ser?" cada vez se me hace más natural y no me tardo tanto para pensar, "Si, puede ser."

Entro en conflicto cuando pienso qué pasará cuando la hija o el hijo...¿qué pasará con la gente que no piensa así? Y los que no piensan así no me importarían tampoco, que piensen como quieran, lo que no me gusta es cuando la gente piensa y juzga y hace cosas porque le parece que tienen el derecho para decidir lo que está bien y lo que está mal. A mi eso me pone brava, no con respeto a lesbianas, pero sí no con absolutamente todo. Cada uno puede pensar lo que quiera y hacer lo que quiera mientras no pasen los límites en lo que es tuyo. Ahí me molesta.

A veces también pienso que hay muchos cambios desde hace 10 años. Leí en el diario la semana pasada de los derechos para parejas del mismo sexo y pensé que estaba bueno. Eso es mucho lo que están ganando.

¿Qué pensás del día de orgullo que hay en Toronto? ¿Vos fuistes una vez?

Ví mucho más de lo que yo...ví muchas cosas que yo no conocía. Era más que...no puedo decirte mucho porque además cuando yo fui creo que ¡hacía mucho calor! Me resulta muy difícil salir en el verano cuando hay tanta humedad. Es difícil. Me resultó difícil, pero hubo cosas que disfruté y me gustó ver. Por ejemplo, las mujeres y los hombres, que se puedan expresar,

pasaba eso, o no se sabía, no se decía, no se hablaba de mujeres. ¡Ay, pero me acuerdo que sí, que se llamaban tortilleras! No sé por qué esa palabra; no sé por qué se dice tortillera.

Me acuerdo que a veces cuando estaba con una amiga, y en Argentina es más común que mujeres estén juntas, de la mano. Las mujeres se besan, se abrazan. Entonces, si había un hombre, decía "¡Uy! Mira lo que son, tortilleras!" O algo así. Pero a uno no le importaba demasiado eso.

Bueno, capaz que no importaba, pero tenía un impacto enorme. Así es como funciona la homofobia. Estás con una amiga, alguien te llama tortillera, y esa experiencia es como una lección de lo que podés esperar si algún día realmente te enamoras de una mujer.

Tenés razón. Eso te asegura que no pase de ahí, que no se hable, que no lo digas si estás sintiendo algo. Es verdad. Una ni siquiera se pregunta. No entraba en mi cabeza como una posibilidad, o que hubiera podido elegir una mujer y no un hombre. Ni siquiera me lo planteaba como posibilidad. Son las cosas que no se pueden decir porque la sociedad lo pone como algo que está mal, como algo que no se debe hacer. Además, en un país como la Argentina que es un país muy católico.

Hace un rato dijistes que no conoces a otros padres que tienen chicos gay o hijas lesbianas. ¿Alguna vez pensastes de ir a un grupo de apoyo para padres?

Alguna vez lo pensé, hace mucho tiempo. Pero no lo hice. Y ahora estoy tranquila conmigo. A lo mejor me gustaría si tuviera amigas, pero no un grupo. Los grupos también son de padres canadienses y yo soy inmigrante, soy latina. También con la gente latina en Toronto hay muchas diferencias, diferencias culturales, y acá como inmigrantes nos tiran todos en la misma y nos llaman latinos. Y entonces a veces me encontraba con gente de Centro América y no teníamos nada que ver, y tampoco tenía nada que ver con los canadienses, y eso fue difícil para mí. Por un lado me sentía diferente y rechazada. Por mucho tiempo no había nada que fuera parecido a mí. No encontraba, sobre todo viviendo ahí en Kitchener.

En Toronto fue diferente para mí; me sentí mejor. Acá hay muchos como yo; no soy la única rara, inmigrante que habla con un acento; Toronto está lleno de gente como yo. Yo me siento más argentina que latina en realidad, y después de tantos años que ya ni siquiera me identifico como argentina, pero como canadiense tampoco. Uno queda ni de un lado ni del otro. Tenés mucho de acá y mucho de allá, pero eso no me preocupa tampoco porque no me siento como que tengo que elegir. Soy argentina y soy canadiense; soy un montón de cosas, soy judía.

No siempre fue tan claro. Cuando yo estaba creciendo no entendía lo que "éramos." Me sentía muy diferente al resto de los chicos.

No. Para mí está claro recién ahora. Yo por primera vez reconozco quien soy. Eso antes no existía para mí. No me preguntaba cosas; no me cuestionaba cosas. Recién ahora me miro y veo quien soy. Si alguien me pregunta "¿Quién es Corina?" ahora les puedo decir, pero antes no, y primero que nunca ¡nadie me preguntaba! Y yo no sabía quien era, ni que tenía. Así fue pero ahora es diferente. Ya no me tengo que esconder, no tengo que tener cuidado. Bueno, en realidad un poco de cuidado sí. Cuando conozco una persona por la primera vez digo cosas como, "Mi hija tiene una pareja."

Es verdad que para poder decir una cosa así tengo que ver un poco que pasa por el otro lado. A lo mejor es porque es tan importante para mí que esa persona acepte, ¿me entendes? Si no acepta, es algo definitivo para que yo no tenga...es difícil, yo no encuentro mucha gente que...que...por ejemplo en mi trabajo con N, yo hablaba con ella, y me gustaba eso. En cuanto yo supe que ella era lesbiana, yo enseguida le conté que mis hijas eran lesbianas. Y lo pude contar y me hizo bien. Evidentemente hay algo, porque cuando yo encontré a alguien como N, me sentí muy orgullosa. Pude contar de mis hijos y sentirme orgullosa.

JUANA BERINSTEIN

Yo nací en Argentina en un pueblo costero del Atlántico que se llama Quequén. Fui criada en una granja hasta los siete años, cuando emigré a Canadá con mi madre Corina, mi padre Franklin, y mis tres hermanos/as, Carolina, Florencia, y Tomás. Franklin consiguió trabajo en una granja en la provincia de Ontario en un pueblo con muy pocos inmigrantes y mucho menos, latinos.

Yo tenía 19 años cuando le dije a mami que era lesbiana, solo que no usé esa palabra—lesbiana. Le dije que me estaba enamorando de una mujer, y se lo dije por teléfono. Temía lo que me pudiese mostrar su cara. Desilusión, reproche, rechazo. Yo sabía lo que la gente pensaba cuando escuchaban la palabra lesbiana.

Cuando digo que soy lesbiana, siento lo mismo que sentí cuando inmigramos. Lo que más recuerdo de nuestra inmigración es que éramos diferentes, y esto les daba licencia a la gente para que nos maltrataran, que nos gritaran, que nos retrasaran en el colegio, y que nos hicieran sentir con menos derecho al respeto y a la dignidad. Intentamos colectivamente e individualmente de pertenecer. Fuimos a la pequeña sinagoga una vez, pero se nos vió como extranjeros, más latinos que judíos. La comunidad latina, aunque también era pequeña, se componía de gente de muchos países, y entonces aquí también me sentí diferente.

Aprendí a perder el acento, a mentir acerca de donde había nacido, y a guardar secretos sobre mi cultura judía. Cuando era adolescente, cuando nos mudamos a Toronto, el mundo se abrió para mi. La chica que se sentaba detrás de mi en clase de historia era judía brasileña. Había más espacio para ser quien era y menos expectativas de caber dentro de estereotipos o definiciones singulares de identidad. Por este tiempo también me empecé a enamorar de otras niñas. Estos sentimientos se convirtieron en mi nuevo secreto. Aunque intenté salir con chicos para ver si podía pasar y pertenecer de nuevo, me parecía que necesitaba mantener este secreto como los que había guardado de ser judía o latina.

Igual que la mudanza de un pueblo pequeño a una ciudad grande, el liceo me llevó a la universidad donde encontré otras lesbianas y gays, y allí comenzó a desmoronarse mi último secreto. Era mas dificil guardar secretos de mi familia. Yo me sentía reflejada en ellos, donde podía hablar de las intersecciones de identidades, las experiencias de xenofobia, racismo, y el anti-semitismo, pero temía decirles que yo era lesbiana y que eso significara perder el lugar donde me sentía más a salvo en el mundo. La idea de perder a mi madre era insoportable, porque ella es mi conección con Argentina, con ser latina, con las historias de la familia, y las recetas, los sentimientos, las emociones, y la seguridad de ser querida.

Ese día, cuando le dije por teléfono que me estaba enamorando de una mujer, ella me dijo que quería que yo fuera feliz. Se lo había dicho precisamente porque yo sabía que no podría ser feliz si yo guardaba secretos o si traía solo parte de quien era a las conversaciones y a todo el tiempo que compartíamos juntas.

La mujer de quien me estaba enamorando venía de una familia sajona de clase media. Estuvimos juntas desde mis veinte años hasta que cumplí veinticuatro. Ella representó la comunidad queer/gay y los valores con los cuales me identifiqué. A menudo, estos eran valores que contradecían directamente con los valores de mi familia latina.

Mi amante, como muchas de mis amigas sajonas, reaccionaba ante mi relación con mi familia, la cual era parte importante de mi vida. Yo consideraba a mi familia cuando tomaba decisiones, y de acuerdo con mis amigas sajonas, los veía demasiado. Ellas tenían relaciones más distantes con sus familias, y opinaban que esta era una manera saludable de desarrollarse como personas independientes. Mi amante decía a menudo que yo le debí haber advertido que yo venía junta con mi familia, o que ella estaba saliendo con todos nosotros y no solamente conmigo.

Mientras que Mami y yo teníamos una relación más estrecha, ya que conversabamos más sobre asuntos gay, también fue un periodo en que comencé a distanciarme de mi identidad latina y a reflejar los valores anglo que veía en la comunidad gay de la mayoría. Este fue un periodo de mi vida de intensa "angloificación."

Una de mis hermanas mayores también es lesbiana, lo que siempre causa sorpresa o ligera diversión. Para mi significa que yo no solo tengo la experiencia de la homofobia y el heterosexismo como lesbiana sino que también como hermana de una lesbiana. Estoy consciente que la estigma es mayor para mi madre, ahora que tiene dos hijas lesbianas, no solo una.

Cuando yo estaba en junior high school, Carolina, la mayor, tenía una amiga que era abiertamente bisexual. Caro fue la primera persona en mi vida que habló directamente de la identidad gay y de sexualidad de manera positiva. Durante los años en que yo estaba definiéndome y batallaba por comprender mi propia orientación sexual, me sentí cómoda al saber que Caro era alguien quien me aceptaría y me apoyaría. A menudo, ella ha jugado el rol de aliada en la familia, respondiendo las preguntas de Corina [mi madre] sobre las lesbianas o la comunidad gay que puedan ser muy incómodas para mi contestar, o que me duela oirlas. Cuando le dije que me gustaría tener hijos algún día, ella y su compañero me regalaron para Chanukah, como broma, y con cariño, un gotero de plástico de esos para echarle el jugo a los pavos, que tambien se usan para hacer inseminación artificial.

Cuando yo me declaré, fue algo que afectó la vida de todos en la familia, no solo la mía. Cuando Tomás se mudó para vivir solo por primera vez, me preguntó cómo podía determinar si sus compañeros de casa iban a ser homofobicos. Su gesto me conmovió, porque supe que él estaba pensando que no sería solo él quien debía estar bien conmigo por ser lesbiana, pero también aquella gente que llegarían a su propia vida.

El apoyo de mi familia, su cariño y su ánimo, han sido decisivos en mi propio proceso de encontrarme a mi misma. Ellos me dieron la fortaleza para cuestionar a la comunidad gay mayoritaria en la cual había salido primero, hasta encontrar una comunidad queer, judía, de mujeres de color, y latinas, donde finalmente pude ser yo misma.

Mucha gente comenta de las familias que elegimos en las comunidades gay, ya que muchos pierden a sus familias cuando salen del closet o se declaran como homosexuales. Mi mayor temor era que yo iba a perder a la mía, y como una inmigrante que ya se sentía sin raices, perderlos a ellos era como perder todas mis ramas. De a poco, a través de varios años, me he animado a incluir a mi amante en las fotos familiares, a hablar sobre los derechos de los gays y lesbianas, y a conectarme con activistas lesbianas y comunidades en Argentina. Mi familia ha tenido el valor de escuchar y de hacer espacio honesto en las conversaciones a la hora de la comida.

Así, elegimos compartir nuestras vidas y no solo aceptarnos como inevitabilidad de nuestra biología. Lentamente, comenzamos a re-definir lo que significa ser una familia "queer-positive" latina judía viviendo en Toronto, Canadá.

Llegamos a reconstruir vidas

Corina Aszerman

Hace cinco años, mi hija Juana, quien entonces tenía 21 años, me llamó por teléfono y me contó que estaba enamorada. Yo me sentí contenta por ella y le pedí que me contara un poco más; quería saber con quien, y fue cuando me dijo que estaba enamorada de una mujer y que además era su supervisora.

Charlamos un rato más y recuerdo que le dije que lo importante para mi era que ella fuera feliz. Cuando me quedé sola, me puse a pensar y me sentí rara. Era un fin de semana y yo estaba en la casa de mi compañero, así que compartí con él lo que sentía. Al principio fue dificil. Pensé que la sexualidad de mi hija era el resultado de que la figura del padre estaba muy ausente en la vida de mi hija. Necesitaba buscar "por qués." Pensé que era culpa mía, que si no hubieramos emigrado a Canadá eso no hubiera pasado. Creo que lo más dificil fue cuando traté de charlar con mi amiga (y solo tenía una) y la respuesta de ella fue como que me tuvo lástima y me dijo algo así como, qué pesado debía ser para mi. No me gustó nada su respuesta y me dí cuenta que era un tema muy dificil para hablar. Esto es lo que más me molesta, que no lo puedo hablar con cualquiera. El siguiente domingo, Juana me presentó a su compañera y a mi me gustó Anne. La recibí con las mismas expectativas que si mi hija me hubiera presentado a un muchacho; no es el sexo lo que más me importa, es la persona. Me importa saber si ¿será buena? Si ¿va a tratar bien a mi hija? Lo que quiero decir es que de verdad no me resulta dificil de aceptar la decisión de mi hija. Lo que me preocupa es que la sociedad no lo acepte como yo, y que Juana tenga problemas por ser diferente.

Quizas lo que sentí en aquel momento fue porque yo también me sentí siempre un poco diferente al resto de la gente, tanto en Canadá como cuando vivía en Argentina. Me casé a los 20 años en la Argentina, y vivimos en la capital hasta que mi primera hija tenía casi 3 años. Mi marido y yo queríamos irnos de la capital, queriamos vivir en un pueblo más pequeño porque yo quería tener muchos hijos y enseñar en una escuela de pueblo.

Nos fuimos a vivir a un pueblo en la provincia de Buenos Aires. Compramos un pedazo de tierra y nos construímos una "casa," y digo construímos porque la hicimos mi marido y yo. En la tierra que compramos había algo parecido a una casa que había sido muy modesta 10 años atrás, pero al ser abandonada la gente del lugar, gente pobre y trabajadora, le sacaron todo lo que para ellos les podía servir. Me acuerdo que, cuando fui a ver el lugar que después compramos, me asusté un poco porque solo había unás cuantas paredes y nada más. Eramos jóvenes y teníamos ideales y mucha energía. Por lo tanto, compramos la casa desbaratada y nos pusimos a construirla. Ahí nacieron mis otros tres hijos. Yo ya era distinta y siempre fui y me sentí distinta, por eso que el que Juanita me haya un día dicho que estaba enamorada de una mujer no me fue muy dificil de entender.

Cuando Juana me dijo, no fue algo muy doloroso. Me siento orgullosa de mis hijas. Pero quisiera no tener cuidado con quien lo comento, con lo que va a decir esa persona. Siempre he sentido que soy diferente, porque mi mamá murió muy jóven cuando yo era pequeña. Entonces siempre tenía vergüenza de estar en el colegio donde todas hablaban de su mamá, y yo no sabía qué decir. No quería hablar de lo que había pasado.

Cuando nos fuimos al pueblo en Argentina, no éramos como todos los demás; no éramos de la gente del campo. Por eso, cuando llegamos al Canadá, llegamos a un pueblo pequeño donde los imigrantes eran una cosa insólita; entonces de nuevo fui diferente. Entonces, siempre quise enseñarles a mis hijos a ser algo más, a ver algo más. Por ejemplo, en Toronto, cuando mi otra hija y mi hijo me presentaron a sus compañeros, no fue algo formal de traer a los padres y todo. Si hubiera sido así, yo no habría hallado que decir. No me sentiría cómoda con grandes casamientos. Cuando Juana me dice que quiere a una mujer, yo la entiendo.

Las mujeres latinas han ganado mucho terreno. No creo que los latinos estén más avanzados o más atrasados en cuanto a la homofobia. Aunque por un lado pienso que en Canadá tal véz estén más adelantados porque, claro, permiten desfiles de orgullo gay y manifestaciones. Me pregunto si se permitiría en la Argentina, por ejemplo, o en El Salvador, o en Ecuador; tal vez no se permitiría. Pero por algún lado se tiene que empezar. El hecho que haya desfiles y discusiones no quiere decir que hayan cambios profundos, pero por lo menos quiere decir que la gente empieza a plantearse y a preguntarse cosas de las que antes no se hablaban.

Yo te voy a contar una cosa curiosa acerca de cuando mis hijas fueron a la Argentina. Juana me hizo un comentario acerca de cuando ella se había quedado en una casa de lesbianas. Como sabes, la economía está dificil por allá y se les hace a todos dificil trabajar, especialmente a las mujeres, y no importa que sean lesbianas o no. Todas las mujeres ganan mucho menos que los hombres por el solo hecho de ser mujeres. Mi hija, entonces, conversando con las mujeres allí, oyó que una de las mujeres hizo un comentario muy interesante. Dijo que a ella le parecía que estaba bien que los hombres ganaran más, porque después de todo, los hombres iban a mantener una familia. Con Juana pensamos que eso era sorprendente porque esas eran mujeres feministas, y el que le pagaran más a los hombres que a las mujeres les afectaría a ellas mismas. ¿Qué sucedería entonces si ellas mismas quisieran tener hijos? ¿cómo les podía parecer bien que los hombres ganaran más?

Bueno, cuando yo era joven, en Argentina, nunca se me ocurrió plantearme como posibilidad el hecho que existieran lesbianas y hombres homosexuales. A decir verdad, sencillamente, no se conocía nada de eso. Pero cuando nos fuimos a vivir a este pueblo pequeño, ocurrió que conocimos a un joven que vivía en el pueblo cercano, que era un poco más grande, dónde había un club de botes. Este hombre se hizo muy amigo de mi marido, y nos venía a visitar a menudo; a mi él me gustaba, pués era simpático. Pero resulta que siempre venía a visitarnos ya hacia la tarde, como entre las seis y las siete, y a esa hora yo estaba ocupada con mis hijos, porque primero tenía tres, y después tuve cuatro, y no tenía ningun horario allá, pero tuve que hacerlo porque si no me volvía loca. Entonces, yo sabía que a esa hora era hora de bañarlos, de contarles un cuento, y de acostarlos, y ya para las nueve de la noche todo se terminaba, o sea, estaban durmiendo, y yo podía descansar.

Y este hombre venía justo a esa hora, y yo le tuve que decir, "mira, no puedo atenderte. Ves, que estoy ocupada y no puedo atenderte entre las 7 y las 9. " Bueno, él me dijo, ¿quieres que te ayude? Y yo le dije "claro, pues, ayúdame," y le dejé allí, revolviendo un puré de papas, y después me ayudó, y yo me sentía bien con él, ves, no como con un hombre, sino con alguien que me ayudaba, y me gustaba que viniera porque ahí me di cuenta que yo nunca había tenido alguien que me ayudara de esa manera. A veces él era el que les contaba el cuento a los niños. Hasta que un día llegó mi marido y me dijo, "mira, tengo que contarte algo. Fíjate que este hombre es gay; él vive con un compañero." Y yo pensé, "ah, por eso es que él es capaz de ayudarme así, y ¡no le importa!" Porque mi marido estaba allí, pero jamás me ayudaba. Yo no lo podía dejar revolviendo un puré de papas o leyendo un cuento. El me decía, "pero ¿por qué se tienen que bañar todos los días? y ¿por qué hay que leer un cuento? y se enfadaba y se iba. Así es que esa fue la primera vez que tuve una experiencia con una persona homosexual y fue muy buena, ¿ves?

Yo creo que es el deseo de todas las madres que sus hijos sean felices. No decir felices exactamente, que no tengan problemas, porque problemas deben tener todo el mundo, pero que sean el tipo de persona que puedan salir y resolver los problemas de cada día, que salgan adelante. Y ése es el deseo de cada madre, y no importa de que el hijo esté con una mujer o la mujer con un hombre, pero que esa persona sea buena y los haga feliz.

Nuestro hijo, Juán

PAULINA HERNÁNDEZ RODRÍGUEZ

No sé como comenzar a hablar de mi y de mi familia, porque la pérdida de nuestro hijo, Juán, todavía es muy dificil. El falleció en diciembre de 1999, y todavía, cuando hablamos de él...es muy dificil. Lo queremos mucho.

Mi familia y yo somos de Zacatecas, México. Tengo un hermano en Fresnillo y hermanas en Los Angeles, y nuestras relaciones siempre han sido muy buenas. Mis hijos son seis, tres hombres y tres mujeres, y Juán es el segundo. El siempre fue muy inteligente, muy sensible, y algo especial de él fue que cuando era pequeño, le quedó abierta la mollera hasta que tenía cinco años, lo que no es muy común. Pero por esto se decía que él era más sensible todavía, más abierto y perceptivo.

Vivimos al principio, cuando llegamos a los Estados Unidos hace 35 años, en MacAllen, Texas, donde las cosas fueron difíciles. No nos aceptaban por no ser ciudadanos. Después de cinco años, nos mudamos a Escondido, California.

Cuando Juán era joven, yo no tenía idea de que iba a ser gay. Tuvo una novia, Jennifer, y conservaba el retrato de ella, pero yo no sabía de esas cosas. Además, recuerdo que cuando éramos pequeñas, había un señor que era "así" cerca de donde yo vivía, y mi madre nos decía que no nos arrimáramos mucho a él. Entonces, siempre me quedó que esas eran las actitudes más comunes y no me adentraba mucho en ese tema.

Cuando Juán se fue para San Francisco, estuvo viviendo con su pareja, pero no lo supimos. El no nos contaba acerca de su vida. Una vez que tomó la decisión de hablarnos, porque estaba enfermo, nos dijo las dos cosas juntas.

Afortunadamente, nosotros hicimos lo posible por entenderlo; nunca lo rechazamos ni nada, aunque fue dificil cambiar de actitud, aprender nuevas cosas, porque mi mamá nos asustaba con ese señor, por ejemplo. También le voy a decir que no a todos les dijimos lo de Juán, ni a todos mis hijos al principio. Porque hay que tener una educación para saberlo hablar. Sí, nos afectó, pero no lo hicimos sentirse mal. El mismo nos dijo que, si quisiéramos podíamos ir a ver un psicólogo, para entender y ver qué sentíamos. Entonces fuimos, pero nuestro cariño por él, de mi esposo y yo, nunca cambió. Siempre fue igual. Pero ya le digo que cuando supimos fue en el '83 o en el '85, cuando nos dijo que estaba enfermo, y ya le habían dicho que solo iba a durar como dos años, y estaba muy triste cuando nos habló para decirnos todo. Pero nosotros tratamos de seguir igual con él. Acerca del por qué no nos dijo antes, él debe de haber pensado que lo íbamos a rechazar o que no lo íbamos a entender. El platicaba más con Sandra y con Raymundo.

Mucha gente decía que debíamos separarle sus cosas que él usaba, y nosotros nunca hicimos eso. El tomaba de las sodas y comía con los cubiertos de todos, pero nunca le hicimos menos, y nunca cambiamos con él. Yo ya después leía cosas y veía más al respecto. Me acuerdo de un artículo que leí acerca de una mujer cuya hija tenía SIDA. El artículo decía que los padres de los homosexuales eran como las tortugas que llevaban su carga encima de la espalda por toda la vida. Pero yo pensé que no era así, que si usted les va a dar el apoyo, entonces no necesita tener ese peso encima.

Mi familia de México no sabe, porque ellos son más cerrados. Juán decía que si se enteraban, que el que lo quisiera lo quisiera así, pero yo le decía, "mira hijo, lo que te hagan a ti me lo van a hacer a mi." Sin embargo, a una tía hermana él le platicó todo, y ella lo entendió muy bien, aunque él pensaba que no. Fue cuando él estaba enfermo y todo, pero ella lo entendió muy bien.

Necesita uno mucha educación para ver que no son diferentes, que son iguales que nosotros, con su estilo de vida, sus preferencias. Pero aprendí a ver los derechos de todos, por Juan que siempre apoyaba a los derechos de la mujer, y decía que la mujer no debería de ser maltratada, por ejemplo, y yo estaba de acuerdo con eso. Yo decía, miren, en cuantos matrimonios hay gente que no se llevan bien, y se maltratan, y eso no está bien.

Todos los amigos de Juan han sido muy buena gente. Yo quiero mucho a Martín (Ornelas-Quintero, E.D. de LLEGO), a Connie, a todos; en realidad, yo veo que llevan su vida bien, sean lo que sean; viven bien y no creo que nadie les pueda reprochar nada de su vida. Pero sí, nos falta más educación al respecto.

Yo les diría a los padres de los jóvenes que salen del closet, que los oigan primero, porque nos hace falta platicar con ellos. Necesitan del apoyo de sus padres, porque si la sociedad no los entiende, entonces los de afuera no importan; son sus familiares los que importan.

A lo menos, hay que educarse para saberles decir que se cuiden y para saberlos guiar como a todos los hijos. Si nosotros hubiéramos sabido, le habríamos dicho, "mira hijo, cuídate." Ya sabemos que el SIDA no es solamente de los homosexuales, pero hay que enseñarle a ellos que se cuiden. Dicen que en

México ya están muy adelantados en todo esto, y hay ahora un anuncio que dice, "tú no crees que da, pero el SIDA sí da."

Entre la familia, nos tardamos un tiempo para decirle a su hermana Verónica; a Rubén le dijimos primero, y luego se lo dijimos a Leticia. Nos tardamos un lapso para decirles a cada uno. Ray y Sandra supieron luego, pero nos demoramos tres o cuatro meses para hallar cómo hablarles a ellos. Nos juntó la enfermedad de Juán, es verdad, y al último ya no nos interesaba tanto su homosexualidad o que tenía el SIDA y por qué lo tenía.

Yo no sé qué hubiéramos hecho si solo nos hubiera dicho que era gay, pero creo que todos juntos habríamos salido adelante. También fue nuestra educación de chicos, la mía y de mi esposo, que crecimos en otros tiempos en que nuestros padres insistieron en que nunca supiéramos de eso. En aquel tiempo había más respeto y uno hablaba con sus papás. Las niñas se ríen ahora porque cuando yo estaba esperándolas, me daba vergüenza que me viera mi papá. No teníamos las palabras para decirlo. ¡Ahora las muchachas andan enseñando su estómago cuando están encintas!

Juán no se quería venir para acá con nosotros porque estaba muy a gusto allá en San Francisco. Vivió diez años allá. Nosotros teníamos la tristeza de que nos había dicho que no le quedaban más de cinco años. Para mi esposo fue más dificil, no sé si fue la enfermedad o el hecho de su homosexualidad, pero las dos cosas se juntaron.

Despues leía cosas. Leí acerca del caso de un joven que se tuvo que ir de su casa y nunca lo volvieron a encontrar, porque lo corrieron sus padres. Pero ahora mucha gente lo han entendido, y no hay más que seguir adelante. De todos modos, tienen mucha gente que no los quiere. Y por eso me gustaría hacer algo por empezar a cambiar esas opiniones, para que se vean como todas las otras personas, con sus vidas, con sus parejas.

Vero habla por su hermano, Juán.

Mi hermano escribió lo siguente hacia fines del año 1998, aunque no estoy segura de la fecha exacta. Estaba preparando este escrito para incluirlo en su aplicación para estudios graduados. El seguía avanzando, seguía adelante con su vida. Realmente estaba "viviendo con el SIDA."

Tú has hablado ya con mi madre, pero a mi me gustaría compartir algunos pensamientos contigo acerca de como mi hermano me afectó. Junto a mis padres, Juán ha sido la mayor influencia en mi vida. En el verano de 1993, supe que mi hermano tenía SIDA y que era gay. Fueron mis padres quienes me lo dijeron porque Juán temía mi reacción, y entiendo por qué. Yo era una de aquellas personas que pensaba que la homosexualidad estaba mal porque, después de todo, ¿no es eso lo que piensa Dios? Vaya, es mucho mas fácil creer esto cuando no le afecta a alguien que uno ama.

Cuando mis padres me contaron lo de Juan, lo primero que pensé fue en él. Mi pobre hermano tuvo que bregar solo con esto por un tiempo porque él temía nuestra reacción. Todas mis ideas sobre la homosexualidad cambiaron completamente. Este era MI hermano y yo crecí con él. Mi hermano no era una mala persona; él era una de las personas más bellas que yo conocí en mi vida.

Sin duda, nunca se me ocurrió rechazar a mi hermano. Siempre hemos sido una familia unida y hemos sido criados con el principio de que la familia siempre está primero, pase lo que pase. Por eso fue difícil enterarme de que el tiempo que restaba con mi hermano estaba limitado. Su homosexualidad no tenía nada que ver. No estoy segura qué habría sucedido si Juán nos hubiera dicho simplemente que él era gay. Yo sé que no le hubiéramos dado la espalda, pero tal vez nos hubiéramos demorado más en aceptarlo.

El hecho de que mi hermano se estaba muriendo hizo que su homosexualidad no implicara. Abrimos los brazos ante el mundo de mi hermano. Mi hermano me abrió la mente, me hizo una persona más bondadosa y lista para aceptar. Ya no juzgo a las personas con perspectivas tan limitadas. El me mostró que en vez de blanco y negro hay "gris," y que en ese gris hay un arco iris.

Creo que para mis padres resultó más dificil el hecho de la enfermedad de mi hermano. Ellos crecieron con opiniones y moral más estrictas. Crecieron en una sociedad que aceptaba menos. No le contamos lo de Juan a la mayoría de nuestra familia más lejana porque mis padres temían la reacción de nuestros parientes. Personalmente, yo quería decirles porque entonces hubiéramos sabido quién nos amaba de verdad. Si ellos rechazaban a mi hermano, nos rechazaban a todos. Si aceptaban a mi hermano, nos aceptaban a todos—éramos un paquete todos juntos. Yo sé que estas razones pueden ser egoistas, pero realmente quería saber quién nos aceptaría de veras.

Con nuestro hermano, nos llegó una bendición hasta el final. Al principio le dieron de dos a cinco años de vida, y el sobrevivió por 10 años. Se cuidó a sí mismo, y sólo se enfermó gravemente dos veces, una vez en 1996 y la segunda vez en diciembre de 1999. No se pudo reponer la segunda vez.

También fue una bendición que mi hermano falleció el 12 de diciembre, que es el día de la Virgen de Guadalupe, por quién mi hermano sentía mucha devoción y adoración. Estamos seguros que mi hermano está en el cielo vigilándonos y cuidándonos. Dios vé su alma, y el alma de mi hermano fue una de las más puras y hermosas por lo mucho que amó. Lo echamos mucho de menos, pero él nos enseñó las grandes lecciones de la vida.

"Fue un día sorprendentemente caluroso y soleado en San Francisco. Ese día, nueve años y medio atrás, parecía que la neblina se había tomado un descanso de envolver siempre a aquella ciudad en la bahía en el habitual misterio y humedad. Esta tarde de julio, me encaminaba yo a recibir las noticias que cambiarían mi vida para siempre.

Había hecho la prueba para el VIH dos semanas antes, y estaba en camino a averiguar los resultados. Estaba nervioso y ansioso, y sin embargo con la esperanza de que la prueba fuera negativa, aunque también me daba cuenta que mi comportamiento no había sido completamente seguro. Una consejera me llamó a su oficina privada y comenzó con comentarios placenteros, lo que me advirtió que las malas noticias vendrían después. Tenía razón. Procedió a decirme que habían encontrado anti-cuerpos del VIH en mi sangre. Entonces, ella me entregó papeles con datos de referencias, pero yo bloqueé todo eso. Estaba estupefacto, deprimido, nervioso, y asustado. El resultar positivo al VIH me ha forzado a enfrentarme a uno de los desafíos personales más intensos de mi vida.

Al principio, el desafío fue conmigo mismo. Tuve que reconocer y enfrentarme a la realidad que el VIH sería una parte de mi vida por el resto de mi vida, aún cuando en ese tiempo había una expectativa de vivir dos años, dado lo limitados que eran las medicinas anti-virales disponibles. Recuerdo mis primeras visitas al Dr. Kapla. Después de efectuar las pruebas de sangre iniciales para confirmar mi estatus positivo al VIH, las cifras y niveles de mi sangre, él recomendó que yo empezara a tomar AZT (Zidoduvine), la única droga anti-viral que estaba aprobada por la FDA.

Yo pensé que habría un período intermitente entre la infección y el tratamiento, pero para mi no hubo ese período. Fue en estos momentos que me di cuenta de los límites de mi existencia, y todo se volvió urgente.

Cuando acepté el VIH como una parte que definía quién era yo, me sentí listo para compartir esto con mi familia, pero esta era una proposición muy riesgosa.

Descubrirles a mis padres y mis cinco hermanos más jóvenes que yo era positivo al VIH podría tener repercusiones. Había oido muchas historias acerca de latinos que habían sido desconocidos por sus familias debido a la estigma del VIH. También estaban los asuntos de religión y "cultura" que a mi me parecía podían resultar en que mi familia me rechazara. Con lo difícil que era la situación, llamé a mi madre por teléfono, y le dije. Eventualmente, le dije a mi padre, y después, uno por uno, se les contó a mis hermanas y hermanos.

Cada uno de ellos me ha apoyado en extremo, pero mi madre ha sido una roca de apoyo, lo que demostró durante mi última infección bacterial seria en febrero de 1996. Ella se convirtió en mi enfermera principal, mientras recibía atención médica en casa durante esta enfermedad. Con el entrenamiento de una enfermera, mi madre se enteró de todo inmediatamente. Yo sé que probablemente fue muy difícil darse cuenta de todo esto para los miembros de mi familia. Sin embargo, fue mejor que lo supieran antes en vez de más tarde.

El darse cuenta que uno tiene VIH nos presenta con desafíos personales. Contarle a otro individuo acerca de su estatus positivo es un desafío todavía más grande. Sin embargo, cuando se pasa el choque, hay mayor aceptación, más comunicación directa y mejor entendimiento. Aunque existe el riesgo de que a uno lo rechacen y lo rehuyan, hay aún más riesgo en no saber hasta que ya es muy tarde. De todos modos, en cuanto al VIH, no hay mayor desafío que el vivir con el virus diariamente, y ese es un riesgo y un desafío que estoy dispuesto a enfrentar. Actualmente me encuentro pronto a cumplir mi décimo aniversario con mi doctor principal, el Dr. Kapla, y esperando que el VIH se convertirá en una enfermedad controlable."

De Cuba nos vinimos

Angela Gómez

De Cuba, todos nos vinimos separados. Mi hermana se vino en el '61 con toda su familia. Cinco años después vine yo con [mi marido y] mis dos niñas. Ibis tenía trece y Ana María tenía doce. Al año siguiente vino mi papá solo. En el '71 o '72 vino mi hermano con mi mamá hasta quedar todos acá. Pocas amistades tuve; no me sentía bien entre mucha gente. De tres hermanos fui la última. Maruca es la mayor; mi hermano Horacio está en el medio, y después yo. Me hice sola, por decirlo así. Algunas amigas que me recuerdan me escriben todavía, unas que viven en los Estados Unidos, y otras que están allá en Cuba, pero yo escribo poco

Sin embargo, yo he sido muy cuentista; me gusta conversar, pero no he sido muy pegajosa con la gente; en realidad, siempre he sido bastante retraída. Ibis ha sido parecida a mi en ese aspecto. Ella no es de muchas amistades, y el día que sucede algo, un desacuerdo y no es igual, ya se retira con esa persona, aunque no completamente. Ella no dice nada, pero ya cambia y se aleja de esa persona. Pero cuando tiene una amistad verdadera, es para toda la vida.

Yo me he pasado así, en mi casa. Tuve un taller de costura, y cuando lo cerré, me puse a hacer alteraciones, y mayormente me ocupo de mis cosas. Criando a mi familia. Aquí estoy con mi nieta, la hija de Ana María. Todavía la tengo, y creo que la tendré para toda la vida. Su madre sale, si Dios quiere, el 29 de agosto, y ahí vamos a ver como van a resultar las cosas.

Mi nieta ya no quiere vivir con la mamá. El verano pasado fuimos a vivir un año con mi hija Ibis, pero regresamos para Houston, y este año mi nieta fue de nuevo a estar unas semanas con ella, y acaba de volver. Ahora que mi hermano está enfermo, yo me ocupo de ir a cuidarlo; le cocino y lo cuido, y después me vengo para casa. Mi hermana Maruca me viene a visitar, y aquí conversamos.

Cuando Ibis era joven, yo no tenía idea de sus preferencias. En Cuba, a ella le gustaba un muchachito que vivía cerca, pero el muchacho era noviecito de una muchachita. Entonces ella conversaba no más con él y la amiguita, pero ella nunca fue de las que salía y andaba toqueteándose con los muchachos. No, ella no era así. Mis dos hijas se portaban muy bien cuando eran pequeñas. Todo el mundo venía a buscarlas para ir de compras y todo, porque se comportaban como unas damas.

Ibis no ha sido muy abierta conmigo; nunca me ha declarado. Con mi otra hija, la hermana, he hablado más; me ha confiado bastante. Cuando pequeñas, de vez en cuando cogían unas cuantas nalgadas, pero nada más. Si se portaban mal, les daba yo unas nalgadas a cada una y las ponía sentadas en un sillón, separadas porque yo sabía que Ana Mariía era más lanzada que Ibis, pero Ibis era la que la mandaba a hacer las cosas que ella no se atrevía a hacer. Entonces me decía, "¡No, Ibis me dijo que lo hiciera!" Así eran.

Ella siempre ha sido muy retraída. Ella le entrega su amistad a una persona si cree que vale la pena. Pero mis hijas han hecho lo que han querido en su vida. Nunca me he opuesto, a ninguna de las dos. Una vez que ella se mandó sola, como se dice, cuando ya era mayor de edad, nunca le dije, no, tú no puedes hacer esto. Ella nunca se ha franqueado conmigo, de decirme sus cosas. Y nadie me ha hecho ningún comentario de que ella sea homosexual, ni un pariente, ni un conocido. Además, no me gusta comentar las cosas de mi familia. Si alguien dijera algo en contra de Ibis, la defendería, naturalmente. Ella es mi hija, una persona intachable, de mucho respeto, que ha logrado mucho en su vida.

IBIS GÓMEZ-VEGA

El año pasado, mi madre vino a vivir conmigo. Mis amigas norteamericanas se compadecieron de mi. Me aseguraban que por mucho que ellas quisieran a sus propias madres, no podían tolerar el vivir un año con ellas. El problema, me decían, es que en la presencia de sus madres se sienten regresar a la niñez, pues sus madres tratan por todos los medios de arreglarles sus vidas y las dejan sintiéndose como niñas. Yo me compadecí de ellas y les aseguré que no tenía tal problema al vivir con mi madre. Se quedaron casi todas pensando en que existía una gran diferencia entre sus relaciones con sus madres y las relaciones que existen entre mi madre y yo. Traté de explicarles, pero no pude, ya que eso de las relaciones entre mi madre y yo tiene mucho que ver con nuestra cultura, y la cultura es algo que no se explica.

Mis gringas, como yo les digo cariñosamente a mis amigas norteamericanas, se quedaron creyendo que existe entre mi madre y yo unas relaciones perfectas, pero eso es una fantasía. Durante el año en que vivimos juntas, pasamos por todas las emociones habidas y por haber. Compartimos lo que parecía ser ternura porque, cuando era necesario, yo le cortaba las uñas de los pies y ella me daba masajes en los pies o en los hombros, aunque no lo hiciera muy voluntariamente, ya que mi madre no hace nada voluntariamente y con gusto, una de sus faltas que más me ha dolido a mi durante toda mi vida.

Además de ocuparnos la una de la otra, también nos fajamos como perras y gatas y, de cuando en cuando, nos dijimos horrores, algo que mis amigas norteamericanas no comprenden pero algo que es parte de lo que somos nosotras, cubanas de clase social bastante baja, donde las relaciones entre hijos y padres cambian después que los hijos son "de edad" como para que sean tratados como adultos. En un momento que no ha designado nadie, los padres dejan de tratar a los hijos como niños y empiezan a tratarlos como tratan a todos los demás de sus amistades.

No sé cuándo ocurrió el momento en que mi madre se dió cuenta de que yo era "de edad," pero si sé cuando al fin tuvo que darse cuenta de que yo era homosexual. Yo nunca le dije a mi madre que yo era lesbiana porque en mi familia las cosas como esa no se hablan. Además, yo la conozco y por eso sé que ella no es capaz de ofrecer apoyo y aceptación porque mi madre es más o menos como una frustrada artista dramática. Cuando sucede cualquier cosa importante en la vida de algunos de sus familiares, especialmente sus hijas, ella no es capaz de ofrecer nada más que lamentaciones y acusaciones, algo que es parte de su carácter y su papel de mártir.

Para evitar oir a mi madre decir las mismas tonterías de siempre, jamás le hablé de mi sexualidad, pero tampoco la oculté. Aunque yo vivía en la casa de mis padres, yo salía con mujeres, y ellas venían a la casa a recogerme para salir y a buscarme. Muchas de las mujeres con las que yo salía eran lesbianas, y algunas eran "butch," o sea, la clase de mujer que mi madre considera "marimacha," pero todas eran mujeres. Los hombres que me visitaban en casa, donde viví con mis padres hasta que cumplí 34 años, eran todos homosexuales y bastante "afeminados," así es que mi madre nunca se pudo hacer la ilusión de que uno de esos hombres era mi novio. Más ya ella tenía que haberse dado cuenta de que yo no estaba interesada en los hombres porque cuando yo tenía más o menos 26 o 27 años ella dejó de preguntarme cuándo me iba a casar.

El día de los enamorados del 1987 sucedió algo que por fin le dió a mi madre la información que necesitaba para enterarse de lo que sucedía en mi vida privada. Al mediodía, sonó el timbre, y mi madre abrió la puerta a recibir un ramo de flores dirigido a mi que venía llenito de corazones que decían "I Love You." Lo puso en el comedor donde yo pudiera verlo al entrar, pero cuando entré y lo ví no me preguntó quién me lo había enviado. Ya yo le había dicho que yo iba a salir esa noche, la primera vez en mi vida que yo tenía una cita el día de los enamorados, así que desde que llegué a casa me bañé y vestí para estar lista.

Esa noche, cuando sonó el timbre de la puerta, mi madre saltó tan agilmente como los perros, que enseguida empezaron a ladrar, para abrir ella la puerta de la calle antes de que yo tuviera tiempo de abrirla. No me puedo imaginar lo que pensó cuando abrió y se encontró con June, mi enamorada, sonriéndole y preguntando por mi. Yo, tan pronto como la ví, salí y le dí un beso, que es algo que jamás se había visto en mi casa, ya que mis padres nunca se besaron o se trataron cariñosamente frente a sus hijas. Yo presenté a June como mi amiga, y mi madre, quién siempre protestó que ella no hablaba inglés, encontró un manantial de palabras en el idioma para decirle a June que las flores estaban muy lindas. Ahí se puso la vieja madre mia a hablar con June en su inglés sospechoso hasta que me fuí con mi enamorada sin explicar absolutamente nada.

Nunca me dijo lo que pensó ese día, y no le pregunté, pero desde entonces se sabe lo que hay. Durante el tiempo en que June y yo salimos juntas, mi madre disfrutaba de encontrase con June y sus amistades en el restaurante cubano donde otra vez de nuevo ella se paraba a hablar de cualquier cosa, pero más que nada de mi, y luego salía feliz para llamarme por teléfono y decirme que se había encontrado con June. Sin que ninguna de las dos tuviera que decirlo, siempre estuvo claro que June se hizo parte de nuestra familia aquel día de los enamorados en que me envió flores y se apareció en la puerta de mi casa a buscarme. Mi madre, sin indagar acerca de nuestras vidas privadas, la aceptó y hasta dió indicaciones que June le caía muy bien.

Cuando en Julio de 1988 ella se encontró otra vez con June y me llamó por teléfono para hacerme el cuento con lujo de detalles, le dije que June y yo habíamos roto. No pudo resistir la curiosidad y me preguntó que qué pasó; le dije que June prefería la compañía de sus otras amistades y que yo esperé por ella hasta que me cansé. Mi madre me sorprendió cuando me dijo casi sin pensarlo, "ella se lo pierde." Ese diá, lloré sola en casa como una idiota porque fue la primera vez en mi vida que mi madre demostró apoyo y aceptación, la primera vez que estuvo completamente de mi parte.

Desde ese día, la vida ha seguido igual. Yo salgo con mujeres, pero ella no pregunta, y dió la casualidad que durante el año que ella vivió conmigo en casa salí con una mujer mucho más joven que yo. Otra vez, mi madre la aceptó sin hacer preguntas, y otra vez avanzó la vida sin que comentáramos acerca de lo que pensábamos. Mis amigas norteamericanas me dicen que sus madres jamás se hubieran podido controlar, que hubieran tratado por todos los medios de influenciar lo que hacían, pero a mi eso no me sucede porque mi madre acepta que yo soy mayor de edad y, al parecer, también ha aceptado el que soy homosexual. Lo que quiere ella ahora es que yo me encuentre a alguna mujer que me quiera y que viva conmigo para siempre, pero eso no me lo dice a mi; eso se lo dijo a su hermana, la metete, quién no perdió ni un segundo en llamarme por teléfono para hacerme saber que ella y mi madre habían hablado, y las dos eran de la opinión que ya era hora de que yo dejara de comer basura y me buscara a alguién con quién pudiera "settle down."

"¡Válgame Dios!" pensé, pero lo que dije fue, "from your lips to God's ears,"[1] pues mi tía prefiere su español sprinkled with English. Cuando terminamos las dos de reirnos, le dije, "no te preocupes que I'm working on it," y es verdad, pero ahora lo que me preocupa es que unos de estos días se me aparezca en la puerta alguna muchachita que venga de parte de mi madre o mi tía, pues esas dos viejas se están americanizando y es posible que adquieran la mala maña de arreglarme la vida al igual que se las arreglan las madres de mis gringuitas. Eso sería para mi una nueva experiencia, pero siempre hay algo nuevo que aprender.

---

[1] De tus labios a los oídos de Dios.

Ese momento en el tren

Faustino Pifferrer

Fue en el año 1985 en que mi hijo Ray terminó sus estudios en la escuela Stuyvesant, en New York City. Se graduó con todos los honores que le correspondían a tan inteligente muchacho y ganó una beca de diez mil dólares para una universidad.

Nosotros, su madre y yo, decidimos investigar y encontrar la universidad más conveniente y de mayor provecho para su futuro empleo. Asi es Ray, muy técnico y astuto. Abordamos un tren para Boston, Massachusetts. Los dos estábamos entusiasmados y hablamos sobre diferentes temas, pero me pareció que Ray estaba preocupado y nervioso, y lo quise atribuir al hecho de que él tendría que vivir lejos de nuestra casa.

Minetras que Ray me conversaba, yo pensaba... ¡Tanto que quiero a mis hijos! Ellos han representado todas mis ilusiones de progreso y las grandes cosas que uno puede alcanzar en este bello país de los Estados Unidos. Aquí está mi hijo de 18 años, la misma edad que yo tenía cuando llegué aquí, ¡qué oportunidad! Cuando de repente oí que llamaba mi nombre, volaron mis pensamientos.

"Dad, yo tengo algo muy importante que decirte. Soy homosexual, gay, a mi me gustan los hombres."

para continuar nuestras vidas privadas, siempre conscientes de las necesidades del otro, pero no tratando de vivir sus vidas. En mi familia existen varios homosexuales. Me parece que sí es hereditario, nosotros llevamos eso dentro. Si no lo es, "c'est la vie!"

RAY PIFFERRER

Mi padre ha realizado muchas cosas desde que llegó a los Estados Unidos. Se casó con mi madre que había llegado de Irlanda en los años '50, y criaron tres hijos, mi hermano, mi hermana, y yo; hoy día a todos nos va bastante bien. El me ayudó mucho a sentirme orgulloso de ser cubano, lo que ahora me parece algo mucho mas importante ya que por muchos años él sintió conflictos sobre su propia "latinidad."

Dada la época en que llegó, él valoraba la asimilación. Nos animó a que habláramos inglés, a que pronunciáramos nuestro apellido en inglés, y a que nos refiriéramos a nosotros mismos como americanos. El mismo se cambió el nombre de Faustino a "Tony" para que sonara más americano. Al mismo tiempo se aseguró de que supiéramos hablar un español básico, preparar comidas cubanas, y bailar música distintamente cubana. Fue un mensaje que me fue difícil comprender; sin embargo, he podido desarrollar una fuerte identidad latina basada en los aspectos positivos que me pudo enseñar sobre la cultura latina: la orientación hacia la familia, la fuerte ética del trabajo, el valor de lo bueno de nuestra comunidad, la responsabilidad por los que dependen de uno, y el ayudar a los que me necesitan.

Cuando me dí cuenta de que era gay, a los 15 años, supe que podía esperar una dura respuesta de su parte, y tenía razón.

A mi familia les fue difícil el que yo era gay en general, pero fue mi padre el que respondió más negativamente. El abuso físico y verbal fue común; me insultaba, me pegaba, y me trataba de mantener separado de mi hermano, en caso de que lo fuera a "convertir." Creo que le costó ver que su hijo decidió salir del closet cuando él mismo había tomado decisiones diferentes en su vida. Para él fue muy duro el hecho de que yo quisiera ser abiertamente gay.

Desde la edad de los 18 para adelante, marché en la marcha de orgullo y participé en actividades políticas; dirigí un grupo estudiantil de lesbianas y gays, y di entrevistas en radio y televisión como un hombre latino gay. El me escribía cartas rogándome que reconsiderara—que tal vez no había intentado estar con una mujer, que guardara el secreto para que no destruyera mi futuro, que me casara para que tuviera un futuro saludable y feliz. Lo que no lograba ver era que yo estaba viviendo de acuerdo a lo que él me enseñó, siendo honesto, diciendo la verdad, y ayudando a los demás. Yo estaba ayudando a demostrar con un ejemplo verdadero que una persona gay latina podía ser inteligente, divertida, y normal.

En ese tiempo, yo no tenía idea que mi padre había sido gay. Solo sentía que su abuso estaba dirigido a mi. En retrospecto, veo que él expresaba su propio odio contra sí mismo hacia mi. Reconozco que él se crió en un lugar muy diferente, en Cuba, bajo Batista. El que las autoridades de ese tiempo notaran que uno era gay era pedir problemas, y por eso ahora entiendo que él trató de desanimarme de mi compromiso con el trabajo político. En Cuba, en los años '30 y los '40, y en los Estados Unidos hasta los años '70, a una persona gay se le consideraba enfermo mental, y por lo tanto "curable." Mi padre realmente creía que era posible cambiar de homosexual a heterosexual con la ayuda de un psiquiatra (aunque eso no pareció dar resultado para él). En muchas culturas, hasta ahora, a los hombres homosexuales se les considera sub-humanos. Entonces comprendo por qué él no quiso que yo me enfrentara a los reproches públicos que me tocarían en algun momento.

Sin embargo, el hecho de que yo sea gay es simplemente un hecho de la vida, como el que yo sea cubano e irlandés. Es uno de los obsequios que traigo a este mundo. Me alegro de haber tenido la oportunidad de participar en los grupos gay de la comunidad, como la organización lesbiana y gay latina de Worcester, Massachusetts, y otros grupos e iniciativas en Boston y en Nueva York como el LLEGO nacional. Estos grupos me ayudaron a ver que hay mucha fuerza y nobleza en el hecho de ser una persona gay latina, y me ayudaron a ver lo que hemos contribuído y continuamos contribuyendo a nuestras familias y comunidades.

Me siento agradecido que mi familia haya podido superar los primeros años de cuando yo salí, que fueron tiempos llenos de ira y de choque. Hoy, nos mantenemos en contacto cada semana, aunque nos encontramos en Boston, Nueva York, y la Florida. Soy parte de la vida de mi familia, aunque estén lidiando con diferentes aspectos de que yo sea gay, pero compartimos las vacaciones, fines de semana, y muchas conversaciones por teléfono.

Más que nada, me siento agradecido por los cambios que mi padre ha efectuado en su vida. Se ha recuperado del alcoholismo; ha tenido la fuerza de salir del closet como hombre gay, y hoy él está mucho más presente para mi como padre de lo que estubo en mi niñez. De cierto modo, lo veo como el padre que siempre pudo ser ahora que ha salido él mismo, y ha aceptado que yo sea gay también. Para mi, sus consejos, su sabiduria, su creatividad, y su sentido de humor son tesoros. Ojalá que siga sintiéndose orgulloso de mi.

Finalmente

TERESA SÁNCHEZ-CORNEJO

Nací y me crié en San Diego, California. Cuando yo tenía diecisiete años, quedé encinta. Me casé con el padre de mi hija, pero nos divorciamos tres años más tarde, después de tener otra hija. A él se le dió la custodia de mis hijas y yo me mudé para Hawaii. Un año más tarde volví a San Diego y recobré la custodia de las niñas pero, sin tener educación ni trabajo, me di cuenta que en vez de vivir con ellas con welfare (asistencia pública), era mejor acceder a que las adoptaran. Tenían seis y siete años entonces. Fue muy amargo. Yo esperaba que tuvieran buenos padres adoptivos, pero no fue así.

Más adelante, conocí a otro hombre con quien estuve casada por diez años. El me maltrataba, y yo me divorcié de él. Había quedado encinta, pero decidí hacerme un aborto porque no quise que mis hijas cuestionaran por qué yo quise tener a otro hijo y no a ellas.

Finalmente, a los treinta y tres años, "salí del closet" para conmigo misma y admití que era lesbiana. Yo sabía que la atracción hacia las mujeres era algo que estaba dentro de mi, pero temía lo que podría pensar mi familia o lo que harían si se enteraban. Cuando estuve viviendo con una mujer, mi familia nunca me preguntó, y yo nunca dije nada, igual que una avestruz.

Siempre pensé que vería a mis hijas de nuevo y pensaba en ellas todos los días. Cuando cumplí los 26 años, terminé el high school de adultos, y me gradué del programa de enfermería de San Diego City College. Comencé a trabajar como enfermera en 1974, y trabajé en una variedad de posiciones: cirugía ginecológica, en la sala de post-operaciones, en la clínica de bebitos,y en la unidad de cuidados intensivos para recién nacidos, antes de trabajar en Kaiser en la unidad de partos en 1978. Después me transferí a la clínica obstétrica y de ginecología.

Un día, en 1986, recibí una llamada de mi madre diciéndome que había llegado una carta para mi de la oficina de adopciones en San Diego. Se trataba de una notificación que mi hija Dawn me estaba buscando. Ella se había puesto en contacto con su padre, pero quería encontrarme a mi también. No había ninguna mención de su hermana.

Llamé a la agencia, pero no me dieron el teléfono de Dawn. Le escribí una carta a cargo de la agencia de adopciones, y le conté acerca de mi vida. Le dije que me había divorciado, que había terminado mi educación, que era una enfermera, y que pronto tomaría unas vacaciones para asistir al festival de música de mujeres en Yosemite por el fin de semana; también le pedí que diera su permiso para poderla llamar por teléfono. Dos semanas más tarde me llamó la agencia y me dieron su número de teléfono. Ella estaba viviendo en Santa Rosa, California.

Yo estaba en el trabajo, y no quería llamar desde allí; entonces, a la hora del almuerzo, corrí a la casa y llamé a Dawn con mucha ansiedad. Cuando marqué el número, una mujer respondió el teléfono, y resultó que ¡esa mujer era su amante en ese entonces! Me quedé muy contrariada con eso, porque Dawn sabía cuando yo iba a llamar, pero averigué más tarde que esta mujer era muy dominante y que ella había decidido responder al teléfono para saber como era yo primero. Afortunadamente, mi hija ya no está en esa relación que fue muy destructiva.

Cuando hablé con Dawn, la primera cosa que me dijo, fue, "Mamá, tú debes saber que yo soy gay." Entonces le dije, "Yo también." Lo que pasó por mi mente en ese instante fue, que claro, esto tiene que ser genético. Estaba tan halagada y contenta. Ella me dijo que ella había pensado que yo era gay por el dato que le había dado acerca de dónde iba; ella sabía que el festival de música de mujeres es mayormente un evento de lesbianas. Bueno, le dí mi numero y empezamos a conversar mucho por teléfono.

Arreglamos una reunión en San Diego. Su padre se encargó del viaje y la fue a buscar a ella y a su hermana, Karla, y a la hija de Karla, Chantel. Su padre las dejó en casa de mi madre donde se encontraba toda nuestra familia para la reunión.

Desde ese punto, sin embargo, todo se fue abajo. Dawn sentía mucho enojo hacia mi y estaba muy resentida. A ella y a su hermana les habían cambiado los nombres aunque los padres adoptivos habían prometido no hacerlo.

A veces, Dawn me llamaba "Mom" y a veces Tari, hasta que le dije que ya no podia aceptar que me llamara Tari cuando estaba enojada conmigo y Mom cuando se sentía bien conmigo. Finalmente, conversamos, y yo le dije que yo había hecho lo mejor que pude hacer por ella y por su hermana, porque sabía que no les podía dar lo que una familia con dos padres les podría proveer. Le dije que yo era joven y sin educación, y que ella tenía que sobreponerse a su ira y tratar de seguir adelante con nuestras vidas. Pero eso no fue posible, y por varios años, no nos comunicamos.

En ese tiempo, su hermana estaba envuelta con drogas, así es que decidí no mantener contacto con ella tampoco. Karla se había casado y había tenido otro hijo, un niño. Cuando su hijo tenía cerca de cinco años, ella y su esposo se divorciaron y él se llevó al hijo a vivir a Kentucky (que es de donde salió él). Karla echaba de menos a su hijo, y por lo tanto se mudó para

Kentucky también al año siguiente para estar cerca de él; durante ese tiempo, ella dejó de tomar drogas.

Actualmente, Karla, con un trabajo de sueldo mínimo, ha quedado encinta de nuevo y ha decidido no casarse con el padre del niño. Su hija Chantal, que ahora tiene 14 años, no le está escuchando ni haciendo caso a su mamá, y se arranca en las noches en su auto para juntarse con un "boyfriend" que tiene como 20 años. Karla entonces habló con Dawn, y decidieron que Chantal se irá a vivir con su tía Dawn y su compañera, Shari.

A todo esto, Shari es una persona muy buena, y lo mejor que le ha pasado a mi hija, Dawn. Shari la quiere y la apoya, y se siente absolutamente comprometida en su relación con mi hija. Dawn por su parte ha florecido y se ha transformado en una persona con confianza en sí misma y en los demás; ahora es cariñosa y no usa drogas. Juntas, Dawn, Karla, y Shari decidieron que Dawn iría a Kentucky a buscar a Chantal para llevarla a vivir a su casa y para alejarla de la pandilla de gente con que la muchacha andaba.

Dawn y Karla también conversaron acerca de que Dawn y su compañera podrian criar el bebé de Karla, ya que Dawn no podía quedar encinta debido a su salud. Esto lo habian discutido seriamente, pero la decision final se la dejaron a Karla.

Dawn fue a Kentucky a buscar a Chantal, y ahora ella vive con su tía y con Shari, acostumbrándose, asistiendo a la escuela secundaria, asentándose en la rutina del colegio, las tareas, las obligaciones, todo lo cual le hace muy bien a mi nieta. Hace poco, Dawn me dijo que Chantal le había confiado que ella cree que le gustan las chicas mejor que los chicos, pero que no sabe cómo decirle a su mamá. Yo no sé si esto es algo definitivo en alguien tan joven o si lo dice porque ve que su tía y Shari tienen una buena relación, y ella añora tener ese amor y cariño. Ahí se verá en el futuro.

Mientras tanto, Karla le contó a Dawn que había recibido tristes noticias sobre su embarazo, porque las pruebas de amniocentisis parecían indicar que su niño iba a nacer con el síndrome de Down's. Después de esperar muy precupadas, las siguientes pruebas han confirmado que todo está bien y normal con el embarazo.

En estos momentos, Karla se quiere quedar con su niño; Dawn y Shari están felices de tener a Chantal en sus vidas. En noviembre próximo, Karla se regresa a California para vivir cerca de su hermana y su hija. Ella ha sido muy unida con su hermana y depende de su cariño y sus buenos consejos como guía, por eso quiere estar cerca de ella durante su embarazo y el nacimiento del bebé.

Yo estoy muy feliz de que ellas dos estén compartiendo estos tiempos tan especiales; iré a visitarles en las Navidades, y me siento contenta de como se han desarrollado las cosas. Dawn y yo hemos hecho la paz y nos acercamos más día a día. Mientras mi hija se siente más segura con su compañera, se siente más tranquila y comprensiva conmigo. Nos dirigimos en una dirección positiva en nuestra relación como madre e hija.

Karla y yo estamos mejor. Todavía me llama "Tari," pero también se siente cómoda diciéndome que me quiere después que yo le digo que la quiero, y creo que lo siente sinceramente.

Yo me encuentro aquí con mi trabajo, mi vida, y apreciando la vida de mis hijas. Tengo 53 años, y espero algún día poder amar y compartir mi vida con una mujer muy especial. En realidad, nunca les he dicho mucho a mi familia, pero tengo dos hermanas que me dicen que "me quieren a mi pero no a mi estilo de vida" y otra hermana y un hermano que me aceptan completamente. Tengo amigos y amigas muy queridos y soy muy activa en la comunidad latina gay de San Diego; mi trabajo como enfermera me lleva siempre a conocer y a ayudar a todo tipo de gente, y eso le da un profundo significado a mi vida.

Dos momentos de mi relación con mi hijo Andrés

DARÍO DUQUE

No me fue difícil aceptar con amor y comprensión su condición de homosexual cuando, ya adulto, me la descubrió. Es que desde mucho antes yo ya me había adentrado en el alma de algunos homosexuales (sus anhelos, sus temores, sus dificultades..., sus amores). Conocía distintas expresiones de la homosexualidad: la sublime, delicada y apenas latente de José en *José y sus Hermanos* de Thomas Mann, la ingenua y algo ostentosa de Mesieur Charles (y la degradada de Julien) en *En Busca del Tiempo Perdido* de Marcel Proust; y otras más.

Sabía pués que la condición de homosexual no impedía que un hombre o una mujer pudiera ser delicado o grosero, leal o desleal, y que antes bien, esta condición puede ser una bendición, pues ya se sabe que entre ellos es común encontrar las más altas manifestaciones del espíritu.

Hubo sin embargo una etapa difícil para ambos y que tuvo serias consecuencias en nuestra relación. Fue la del principio de su preadolescencia, cuando aparecieron rasgos de su personalidad que me perturbaban, rasgos que iban desde lo muy sutil e imprecisable hasta lo más explícito (por ejemplo cuando, como queriéndonos comunicar algo que él mismo no entendía, desfilaba ante su familia en tacones, con cadencias femeninas al andar).

Esta perturbación sí me afectó e hizo que sin rechazarlo, no supiera yo que hacer y no pudiera darle el apoyo y la comprensión que lamento no haberle dado en esa edad tan difícil de sus 11 y 12 años.

Hoy sé que al final de los días de su abnegado trabajo, lo espera un hogar en donde descansar en la compañía de un hombre bueno. Y eso me hace muy feliz.

ANDRÉS DUQUE

Creo que el contenido de su ensayo me sorprendió a mi tanto como a mi madre pues ni ella ni yo recordamos alguna etapa en mi preadolescencia donde yo desfilara en tacones (aunque en mi juventud - los 4 o 5 años - sí me acuerdo haber jugado con los zapatos de mis padres). Me adelanto un poco en mis comentarios, pero ultimamente he tenido una relación bastante tensa con mi padre a raiz de su alcoholismo y, en los últimos meses, su concepto de lo que es mi homosexualismo me ha hecho apartar de él un poco.

Mi padre fue un idealista izquierdista intelectual y siempre ha leído los textos clásicos como su base para la vida. Y creo que la manera en la que ha llegado a 'entender' mi homosexualismo ha sido basado en esos textos clásicos (como los que él menciona en esta nota). Sé que no pretende herirme pero todavía se me erizan los pelos de la nuca cuando leo 'su condición de homosexual' (término que es bastante atado a un concepto del homosexualismo como condición o enfermedad) o cuando pretende saber todo lo que es la homosexualidad basado en textos escritos en otras décadas, fuera de un contexto moderno, y además cargados de representaciones bien negativas sobre los homosexuales (o sea la figura clásica del homosexual eternamente afligido/a, sufrido/a, sin esperanza alguna y destinado a un fin trágico).

En parte también está atado a algo más general y es la negación de mi padre de acceptarme como hombre adulto en muchos aspectos. Mis padres se separaron en 1984 cuando yo tenía 16 años. Ya habían habido separaciones largas y de cierta manera mi padre no estuvo con nosotros durante la adolecencia mía y la de mis hermanos. Ahora solo recibo llamadas de él cuando está tomando y siempre quiere hablar de mi niñez. Ultimamente, he comenzado a cuestionarle esto y a veces sé que lo hiero cuando le digo que estoy cansado de que él me hable como si yo jamás hubiera cumplido más de 13 años. Las últimas conversaciones han sido bastante dolorosas para mi puesto que termino repitiéndole que se de cuenta que tengo 32 años, y que si aún él siente que no fue parte de nuestras vidas en nuestra adolescencia, todavía es tiempo de conectarnos y disfrutar una relación padre/hijo de adulto a adulto, pero que esto va a ser imposible si él se empeña en negar el presente protegiéndose con memorias de un pasado glorificado.

En fin...

Palabras de su madre

GLORIA ESCOBAR

Nosotros vinimos todos desde Colombia en 1980. Mi ex-marido, tres hijos hombres, y yo vinimos originalmente a Boston. Andrés tenía 12 años en ese entonces. Mi "ex" venía a estudiar un master en matemáticas y se suponía que nos íbamos a quedar un máximo de dos años. Fuera de estudiar , el propósito del viaje era buscar un cambio para la relación y exponer a los hijos a otra experiencia cultural y a otra lengua.

Boston me pareció duro, por no saber inglés. El primer invierno, que fue extremamente fuerte y no estábamos suficientemente preparados, no teníamos mucho dinero y los muchachos estaban muy solos en la escuela, que no tenía estudiantes hispanos. De Boston fuimos a Syracuse, donde estuvimos un total de seis años, el último de los cuales lo pasamos ya sin el papá pues nos separamos allá antes de volver a Colombia. En Syracuse, yo estudié mi master en Fine Arts y en 1986, volvimos a Colombia.

Pienso que Syracuse fue una época tremenda para mi hijo Andrés; allí vivió sus años tempranos de adolescente. Vivíamos en un pequeño apartamento dentro del campus universitario y nuestros vecinos eran estudiantes, varios de ellos jugadores de futbol americano, uno de los cuales le fascinaba a Andrés. Yo no estaba muy segura en ese entonces de que la atracción fuera homosexual, aunque creo que Andrés ya tenía su tendencia declarada. Andrés no ha sido amanerado y por eso tal vez era más fácil para mi pensar en que todo ésto era una fase de adolescente. Yo no recuerdo exactamente cuándo me dijo que era gay, pero recuerdo haber pensado en lo que le iba a tocar sufrir por el machismo de la gente en Colombia.

Se presentó en 1989 la oportunidad de regresar a los Estados Unidos, usando una visa que habíamos pedido a través del tío de Andrés y cuando lo hablamos en la casa, Andrés, que es el hijo mayor, y su hermano el hijo menor, que extrañaba la U.S.A., quisieron regresar conmigo. Yo pensé que había que tomar la oportunidad a ver qué pasaba, pués todavía estaba teniéndo muchos problemas con el ex (quién es alcohólico). Pienso que la crisis mayor para Andrés fue cuando fue a la universidad de SUNY-Binghamton, donde tuvo un compañero de cuarto del que se enamoró y tuvo muchas crisis emocionales por eso. Creo que fue entonces que me lo dijo y yo respiré de alivio, pues pensé que en U.S.A. tenía más chance de sufrir menos por esa causa.

Yo creo que la razón de que podamos hablar es que Andrés y yo hemos sido muy cercanos afectivamente. El es el hijo mayor y siempre ha sido una persona de excelentes sentimientos. Yo creo que el amor de la madre debe ser incondicional, y aún más en el caso que de entrada es diferente, presenta un obstáculo para las relaciones con los demás, dependiéndo del sitio dónde se vive. Me alegra que Andrés esté en New York porque, en los años que ha vivido allí, ya ha desarrollado una red de relaciones y creo que su trabajo es satisfactorio para él. Quisiera yo que trabajara menos, pero ése es otro problema. Admiro mucho su labor con grupos de prevención del AIDS, y estoy muy orgullosa de él. Todavía se me encoge el corazón cuando pienso que, solo por ser gay , alguien le pudiera hacer daño.

Creo que sería bueno tener una red de apoyo de familias en la comunidad latina. El E -mail me parece ideal para esto, como establecer una lista de direcciones electrónicas disponibles para quién necesite.

Sobre Richard

MIREYA CAMARENA Y SU HIJA

__El tiene muy buen humor. Viene de ambas partes de la familia.

__Viene de ti.

__Y de tío Jaime.

__Sí, pero tu papá era una persona muy amable.

__Bueno, viene de ambas partes.

Siempre hemos tenido que ponerle buena cara a la vida. Es duro, pero hay que hacerlo. Mi familia era de la capital de Santo Domingo, y fuimos una familia humilde, pobre, desde que yo era niña. En mi familia nos llevaban siempre por un camino de rectitud.

Nuestros padres tuvieron ocho hijos, y estamos vivos todos. Mi papá murió como once años atrás y mi mamá como cuatro.

Yo vine a los Estados Unidos después que cumplí mis cincuenta años en 1980. Allá en la República Dominicana me casé y tuve todos mis hijos. Me casé a los 19 años, lo que me parece bastante joven ahora.

__Yo me casé a los 25

__A nadie le recomiendo que se case tan joven.

__A esa edad no han abierto bien los ojos.

Ahora hay un libertinaje, especialmente en este país. ¡ya desde los catorce para adelante! Antes había mucho respeto, y allá en la República Dominicana había mucho más respeto, y más que estaba governada por un dictador. ¡Imagínate!

Había más comprensión y más unidad entre la familia y entre las mismas amistades. Mi mamá tenía una comadre que era madrina mía, una señora que tenía exactamente un día a la semana para venir a visitarla. Y yo recuerdo como era la casa; en el comedor se sentaba ella a conversar con mi mamá y con todos nosotros. Ya ella sabía que ese día venía mi madrina. Era una obligación. De lo que hablaban, bueno, eran conversaciones sanas acerca de la casa, de las modas. A mi me dejaban escuchar a los mayores.

—A mi también me dejaban de chiquita escuchar desde la sala, y con los ojos me decían...

—¡No, pero a ti no te decía que no!

Bueno, yo ya vine para Nueva York en el '80, y los niños estaban crecidos. Richard era muy amable y muy cariñoso, desde niño. A mis amistades siempre les estaba abrazando, y les amasaba así el brazo tanto que una amiga le decía, ¡Muchacho! ¿pero tú crees que soy un pan para que tú me estés amasando?

No era mal criado y siempre estaba en la familia. Siempre salía con sus hermanas para aquí y para allá. Entre uno y otro, lo que le pasaba a uno le pasaba al otro. Había mucha comunicación.

—¿Donde pongo las flores?

—Ponlas ahí, en la mesita, para verlas.

Richard. Bueno. A él no le gustaba estar metido en los compinches de pleitos. En lo que más se compinchó allí fue con unas muchachas de la esquina, pero ya cuando daban las nueve él se iba para la casa, porque no fue muchacho de pleitos en la calle, ni de desorden, y estudiaba mucho.

El estuvo trabajando aquí en el proyecto Leo y otras cosas. El muchas veces se ha sentado a conversar conmigo acerca de sus actividades, pero no tanto de cosas personales. Conmigo no lo hace mucho, pero con su hermana sí. El conversa mucho con la hermana que vive en New Jersey.

Cuando él era joven, no se me ocurrió nunca. Jamás en la vida. Bastante sorpresa me llevé. Cuando yo vine para acá yo no sabía nada. Yo conversé con él; ya era jovencito, de unos quince años, y quería llevarlo al médico, pero ya los hermanos mayores lo habían llevado. Lo llevaron para saber si lo que tenía él era normal, si tenía más hormonas masculinas o femeninas; eso fue lo que hicieron.

Los hermanos querían averiguar, porque el papá decía que eso tampoco era verdad. Claro que fue un poco difícil. No te voy a decir que no. Me sentí apenada, pero después con los consejos de los demás hijos fue mejor, hasta que lo acepté. Porque, ¿qué tú vas a hacer en un caso así? Tienes que aceptar las cosas como son.

—Tú me dijiste que le dijera que se fuera con su papá cuando yo estaba aquí. El ya se había ido de la casa a vivir con su hermana.

—Mami ya estaba en Nueva York. Mi esposo había hecho comentario que Richard era homosexual. Me dijo, "pregúntale a él para que tú veas." En esos días fuimos a un parque, y yo me sorprendí, sí, porque lo disimulaba muy bien. Le dije, "bueno muchacho, ¿tú te sientes bien así? Bien, porque yo no te puedo decir qué hacer con tu vida." Pero claro, lo toma de sorpresa a una.

—A veces, el de la calle lo palpa todo, y se da más cuenta que los que viven en la casa.

—Exacto.

—Somos muy unidos, todos nosotros.

—Yo soy la primera. ¡no la *mayor*! Y, sí, conversamos un poco. Mami estaba en Nueva York, y todos los demás estaban allá.

—Como te estoy diciendo, él vino para acá en el '86 o en el '87.

__Yo lo que sí recuerdo es que Richard tenía muchas enamoradas. Le dije, "¿y tú has tenido novia? Inclusive, ¿te sientes bien con una mujer?" Y dijo que no, que se sentía más atraído hacia los hombres, que se había analizado él mismo. El se conoció a si mismo y salió del closet, como dicen aquí, que quiere decir que no están tapandose con el dedo. A la familia no le ha afectado en nada. A mi, en absoluto.

__La familia nunca han dicho nada; lo aceptan como es, y lo quieren muchísimo porque él siempre se ha dado a querer; siempre lo buscan las amistades. Todos vienen por aquí y preguntan por Richard, primero que nada.

Nunca han preguntado, nuestros familiares, y los novios o esposos de nuestra familia. De una forma u otra, o se les informa o se dan cuenta, pero todo es harmonía. Si alguien fuera a decir algo, lo único que haríamos es defenderlo, porque si uno lo apoya, y si no le afecta en nada a nadie, no tiene por qué meterse en eso. Cuando se presente el momento, se habla, o si no, no.

__Los sobrinos todavía no han preguntado porque son pequeños, y todavía no es el momento. Pero si quieren saber algo, habría que buscar la forma de decírselo. Aquí en la escuela los niños ya lo saben, lo aprenden. Mi hija ya lo sabe, y quiere mucho a su tío. Los demás sobrinos todos son pequeños, pero si uno está consciente, si se siente a gusto con su abuela, que ella lo respeta y lo quiere, entonces, no hay nada que decir.

__Los padres de los jóvenes que ahora tienen 15 o 16 años y recién se están dando cuenta de quienes son, mejor que los comprendan y apoyen. Porque un hijo sea así, uno no lo va a estar botando. A mi no me pareció que mi hijo iba a perder nada con ser homosexual, porque él tenía un carácter que se daba a querer, y nunca le iba a faltar nada. Aún en la República Dominicana, Richard tenía una tía que lo aceptaba a él y a Juan Carlos, la pareja de él. El ahora trae aquí el que sea y yo lo acepto. El ahora no está soltero.

__No, él no tiene de soltero.

__El y yo viajamos con el compañero de él, hasta viajamos en un crucero. Yo no tengo ninguna clase de inconveniente.

__Miguel y Gustavo han venido aquí, y uno comparte con ellos. No le hacemos bromas, no, pero de relajo, es muy natural. No es como un tabú. El que llamó ahora por teléfono, es amigo de la familia. Ellos fueron compañeros y ya no lo son, pero no es como que ya desapareció del mapa.

__Yo creo que ahora se está educando la juventud latina porque ahora se habla más de eso con más desenvoltura.

__Yo por mi parte creo que ahora hay menos enfermedades mentales, menos suicidios, menos uso de drogas como escape, o depresiones y problemas mientras están buscando quienes son. Eso está desapareciendo poco a poco.

__Eso comienza en el hogar, con la madre, porque el papá nunca está educándoles, concientizándolos.

__y debe haber comunicación acerca de que esa persona es así.

__Hay que aceptarlo como es, porque es un ser humano también. Respetar. La palabra clave ahí es respeto. Si hay respeto en una casa entre dos personas, es emulado. Eso es, respeto. Encierra mucho esa palabra. Encierra el amor, la comprensión, la comunicación, la buena convivencia. Lo encierra todo.

__Claro que sí hubiera querido haber cambiado las cosas, pero, ¡como que nadie puede cambiar el mundo! Si yo las pudiera haber cambiado, yo las cambiaba, pero hay que aceptar las cosas como vengan.

Donde hay tanta maldad y tanta corrupción. ¿cómo lo diría yo? Eso es para cuando uno va al cielo donde todo es rosas.

Las cosas ya no son difíciles para mi hijo, porque las cosas más difíciles para él ya pasaron, porque él ya se ha desenvuelto, pero no creo que tenga problemas con prejuicios porque en el trabajo todo el mundo lo quiere.

__Dicen que las personas homosexuales son los amigos más sinceros. Hasta lo que yo hé observado sé que es verdad, porque los muchachos homosexuales que yo conozco son serviciales, sinceros, leales, y emprendedores. De todos, son los mejores.

__Prende la luz aquí, que está muy oscuro.

__Bien, mamá.

La reina de todo

GLADYS GONZÁLEZ

Yo soy cubana, nacida en Cuba en enero de 1937, y tengo 63 años. Vinimos a Estados Unidos en 1961 huyendo del régimen comunista de Fidel Castro. Nelson y mi hija, la que está enfermita, eran pequeñitos. Ya tenemos 39 años en este pais, en noviembre.

Nosotros somos de ascendencia española; mis abuelos imigraron de España. Mi abuela tuvo 7 hijos, y las reuniones en casa de mi abuelo fueron muy hermosas. Sí, fueron muy estrictos, pero no al máximo. Yo me casé en 1954, pero antes, cuando soltera, nunca podía ir a ninguna parte sola. Era una sociedad de chaperones. Mi papá, sin embargo, era una persona liberal, y yo aprendí a ser como soy por él. La familia de mi madre era más austera. Pero a mi me encantaba la personalidad de mi padre. El hablaba de muchas cosas, y lo hablaba todo por su nombre. Pero hacían un buen balance.

Era muy joven cuando me casé, de 17 años, y en realidad, no tenía experiencia de la vida. Aprendí a vivir en los Estados Unidos cuando llegué aquí de 24 años. Nunca me había separado de mi familia. Yo vivía con mis papás; entonces era una vida calmada antes de llegar Fidel.

Mi esposo era contador. Vivíamos una vida cómoda, pero no éramos ricos. Yo no pensaba en el futuro. Pensaba en tener mis hijos; no se pensaba como ahora. Vivíamos una vida tranquila. A la niña, ya la había puesto en un colegio donde yo me había educado, con las monjas, y nada, pues, eso era mi vida.

Mi futuro era Cuba; ni soñaba con nada más, pues nunca había salido de mi país. Vinimos primero y solos. No había familia, no había primos, no había tíos, y aquí fue que realmente tuve que pensar en el futuro. Nuestro mundo era solamente personas que habíamos conocido en el edificio, puertorriqueños, personas que fueron muy buenos con nosotros. Y me sentía muy sola. Pensaba que el regreso iba a ser pronto, y pronto, y así pasaron siete años, hasta que mis padres vinieron.

Los niños eran muy lindos, muy suaves, muy cariñosos. Nelson siempre dependió mucho de su hermana, de mi hija que está enferma. Creo yo. Yo pienso que tenía más acercamiento a su hermana que a nosotros, pienso yo, pero nunca le he preguntado.

Fue una tragedia nuestra que ocurrió cuando mi hija tenía 27 años. Ella es maestra a nivel de grado superior. Una muchacha eminente. Siempre estaba en la lista de graduados, y se destacaba mucho. Bueno, ella se casó con este señor italiano y tuvo dos hijos. Cuando sus niños estaban pequeños, le dió encefalitis. Se quedó completamente retardada. Ella no conoce, ni habla, ni nada. Yo siempre la he tenido aquí conmigo, y la cuido, con la ayuda de enfermeras. El marido la abandonó y se divorció de ella, abandonando a los hijos.

Yo siempre he pensado que Nelson también perdió una mamá cuando sucedió esto. Nunca le he preguntado porque hay cosas que no se preguntan, bueno, para no hacerlo sufrir. Porque él no se ha repuesto en 17 años. No acepta la pérdida de su hermana.

Nosotros no. Nosotros lo hemos aceptado, y así vivimos. Pero yo siempre he pensado que ellos, a pesar de ser de diferentes sexos, eran muy unidos. El sintió un acercamiento muy grande a su hermana, muy espiritual. Tal vez ella lo comprendía mucho.

Es dificil decir cuando supe que mi hijo se sentía atraído a los hombres. Yo diría que tomó tiempo porque él no se manifestaba como otras personas porque, para decir verdad, en mi casa siempre se habló del homosexualismo, a través de mi papá. Porque en casa todo se hablaba por su nombre, y en mi casa se hablada de fulano que era homosexual y de todo. Claro, en Cuba en los años '50, se decía que todos estaban escondidos porque nadie se atrevía a tener un amigo, o sea que era una sociedad cerrada. Todo el mundo lo sabía y en todas las familias siempre había una persona que era así. Yo tenía un primo que era así, y otro primo que era así. En los años de mi juventud, yo sabía que eso existía, pero no se hablaba de eso; se respetaba y se quería a la persona, pues ellos venían de visita, pero nunca se mencionaba la preferencia sexual.

Pero parece que la vida me fue preparando porque yo siempre tuve una afinidad tremenda hacia las personas homosexuales, ya fueran hombres o mujeres. Aquí fui muy amiga de una muchacha homosexual que era una íntima amiga, y que hasta me trajo problemas con mi mamá porque ella siempre me decía, *dime con quien andas y te diré quien eres.* Lo que no tenía sentido en este caso porque a mi nunca se me ocurrió tener una intimidad sexual con las mujeres, pero mi mamá, como era tan a la antigua, ¡temía que alguna persona de la familia iba a pensar que yo me había convertido!

Muchos hombres homosexuales fueron mis grandes amigos. Los dos amigos hombres que todavía tengo son como hermanos, y me cuentan todas sus confidencias. Para ellos, yo soy a veces como una mamá, ¡y somos de la misma edad! Pero esto no es porque mi hijo sea homosexual; esto siempre ha sido así. Cuando ya cayó lo de Nelson, él fue un muchacho tan cuidadoso, respetuoso—o tal vez temeroso, ya no sé cual fue la causa— que él nunca trajo aquí a nadie. El fue siempre muy discreto para sus cosas. Hasta tal punto que su padre jamás supo nada hasta que yo se lo dije. Porque para los padres cubanos de su generación tener un hijo así es una vergüenza, y al verlo, lo botan de la casa. Así era en mi época. Pero mi esposo no, porque yo lo fui preparando aunque nunca conversé con mi hijo de que él fuera así.

Por ejemplo, esta relación que tiene con Jim, yo la acepto desde el principio. Cuando él lo trajo aquí, yo ya lo sabía, y ahora ya llevan más de quince años juntos, más de dieciséis, y ahora ya mi esposo y yo consideramos a Jim como a un hijo. Mi esposo ya puede aceptar, aunque mi hijo y él no han hablado de eso.

A mi hijo siempre le digo cuánto lo quiero, y a Jim le digo, y espero que él lo sepa, pero le digo ¡gracias por querer tanto a mi hijo, por cuidarlo tanto! Y Jim me dice, ¡pero él me cuida a mi también! Y yo le digo, ¡qué bueno! Me alegro de que sea así. Así es que todo ha transcurrido muy suavemente, y yo lo he querido así, para mi esposo y para mi hijo, porque no quiero que sufra. Creo que ese es el papel de los padres, facilitarles el camino a los hijos. No he querido ser como otros padres cubanos que, cuando se enteran, llegan y botan a los hijos. Al contrario.

Mi amigo, que ha sido como un hermano en todo el exilio, ahora tiene más de 70 años. El había sido casado, pero es homosexual. El siempre ha sido mi amigo del alma, él, mi esposo, y yo. Mi amigo tuvo que dejar a sus esposa porque, aunque se querían mucho, él dijo que no la quería traicionar. Yo nunca le conocí ningún amigo. Más adelante, me contó sus cosas. Me contó de su amigo que tenía en Cuba. Ellos dos estaban en la playa un día, cuando vino una ola y se lo llevó. Su amigo murió, y él lo vió ahogarse. Desde ese entonces, me dijo que nunca había tenido a nadie más. Que había tenido sus escapaditas, como todos los hombres, pero nada más. El ha sido, y todavía es, un gran amigo. Desde que vivíamos en el mismo edificio, él venía a nuestra casa, y mientras yo cocinaba, él me ayudaba. Salíamos lo tres juntos, y mi marido que era tan juguetón, decía que la gente iba a creer que era marido de él también. Y esto no lo sabía Nelson, mi hijo, quien ya era mayor, pero este era nuestro amigo. Ves, de esas cosas ya se hablaba. Se hacían bromas, y lo pasábamos riendo porque ellos dos eran muy divertidos, pero se aceptaba aquello. Todo tranquilo.

A mi no me molesta. A mi nunca nadie me ha preguntado de mi hijo. Hay una prima en la Florida que quiere conversar, porque tiene una cuñada que tiene una hija lesbiana que es doctora, y siempre me quiere conversar, que yo le hable de Nelson, pero yo nunca le hablo de mi hijo porque a él yo lo respeto mucho. Esta prima quiere que yo le hable, y yo le digo, ¿y qué? ¿Qué tiene que sea lesbiana esta muchacha? ¿Que acaso es una mala persona? No, me dice, y me agrega que tal vez sea la mejor hija que tiene su cuñada. Entonces le digo que su madre debe estar orgullosa de ella y que debe de dejarla tranquila.

Yo tengo una tía que tiene un hijo homosexual. Mi primo tiene más de 50 años, y vive con su madre. El le tiene a su madre una casa maravillosa y la cuida mucho, pero su madre le hace a él la vida imposible y no le permite que le lleve a nadie a la casa. Ningún amigo, ninguna visita, y es el mejor hijo del mundo. Yo trabajé con mi primo muchos años en una compañía de aviación y vi que era una persona infeliz. Ella no quiso aceptar que él era homosexual, y le prohibió llevar a nadie a la casa. Hasta que él se lo dijo, yo soy homosexual, y a ella casi le dio un *heart attack*.

El venía y me contaba muy discretamente, y yo le dije, no te sientas mal porque ella es la que te ha arruinado la vida a ti, no tú a ella. Porque no hay mejor hijo que tú, ni mejor muchacho que tú. Yo quisiera tener un hijo como tú, aunque mis hijos son lo mejor que una madre pueda desear. Pero tú no has podido tener una relación, ni has podido saber lo que es compartir la vida con alguien por culpa de ella, y lo que te ha hecho tu mamá, yo eso no se lo hago a mi hijo. Quizás Dios me preparó a través de mi primo para que no le haga la vida imposible a mi hijo.

No podría decir cuándo me fui dando cuenta. Fue tal vez cuando él tenía unos catorce años, pero no porque se le notara nada porque él siempre fue un muchacho extremadamente cuidadoso, y nunca trajo gente aquí que me hiciera pensar. Pero cuando me di cuenta, no me molestó. Me molestaba porque mi esposo se fuera a molestar, pero no ha sido así.

Yo creo que estos últimos años, soy una mujer muy tranquila, muy feliz. Tengo muchos problemas, porque no tengo a mis nietos. Hace tres años y medio, su padre se los llevó y no viene a visitar a mi hija, ni trae a los nietos, lo cual me fue muy difícil de superar, pero yo seguí adelante. Eso lo he superado. La única felicidad que me queda es mi hijito, y él es feliz. Y yo le ruego a Dios que sea feliz, porque él se me volvió ateo cuando su hermana se enfermó. Entonces, ya no quiso saber de Dios, ni de curas, ni de monjas, ni de santos, ni de ángeles, nada. Yo sabía que eso era por el sufrimiento de su hermana. Nunca le toco puntos de nada, pero también pienso que es porque la religión dice que está en contra de la homosexualidad; yo siempre he pensado que eso choca en él, pero nunca le he hablado de eso.

Cuando éramos jovenes, yo me creía la reina del mundo. Yo tenía fuerza para trabajar y batallar en la vida; tenía casa, carro, ropa bonita, y era joven y bella—no como ahora, ¿eh? Pensaba que era la reina de todo, pero lo más importante para mi siempre fue mantener a la familia junta y que fueran felices, así es que cuando me di cuenta de lo de Nelson, y después, lo que pasó con Marta, y el hecho de perder a mis nietos, todo esto me ha hecho ver que lo material no es importante. Ahora, cuando salimos con Nelson y Jim, mi hijo siempre es muy caballeroso, pero Jim también es muy caballeroso. El es el que me atiende, ahora que yo estoy deshabilitada, en las piernas, y me trata con tanto afecto que realmente me llega al corazón. El es el que me da el brazo, me aguanta, y se preocupa por mi, y yo estoy tan contenta de que mi hijo tenga la suerte de vivir con un hombre tan bueno y ser feliz.

NELSON GONZÁLEZ

Siendo un hombre cubano gay, criado en América, siempre sentí una especie de desplazamiento cuando estaba creciendo. En la escuela, nunca demostré mucho interés en formar parte de un grupo, de una bandada de muchachos, y abiertamente desdeñaba la "demonización" del movimiento feminista que era tan común en los años 60, lo cual se esperaba de los muchachitos. Pero el nivel intenso de indoctrinación a la cultura Americana en esos años de la paranoia de la guerra fría, me tornaron resistente a los intentos de mis padres que querían mantener su cultura dentro de mi. Aún cuando iba creciendo, me sentía como una pieza cuadrada tratando de encajar en un mundo de agujeros redondos. Aunque mi epifanía personal no iba a ocurrir hasta mis años de adolescente, me doy cuenta, retrospectivamente, que era mi homosexualidad la que causaba mi sentido de ser un "otro," y que inconscientemente siempre había sabido eso.

Ahora reconozco que mis padres hicieron lo posible por contrarrestar la indoctrinación que recibí en la escuela. Antes que llegaran nuestros parientes a unirse con nosotros, mis padres nos leían cartas de Cuba a mi hermana y a mi. Como que ella tenía cuatro años cuando llegó a los Estados Unidos, estas cartas eran más emocionantes para ella. Pero yo solamente tenía dos años, sin memorias de Cuba; mi madre se preocupaba de explicarme cual era la relación que teníamos con los nombres que estaban en el papel. Mamá me pedía a menudo que tradujera palabras y frases del español al inglés, probablemente con tanta intención de que yo usara el español como de que ella mejorara su inglés.

En cuanto a la homosexualidad, en mi casa se trataba con una actitud de que "si no te preguntan no digas," y eso fue mucho antes de que esa frase se inventara en los E.E.U.U. Cuando se discutía algo al respecto, se hacía solo en privado y por lo general en voz baja o en susurros. Mis padres y yo nunca, en realidad, dijimos nada sobre el asunto hasta después de que yo había estado viviendo con mi amante por casi diez años. Claro que lo sabían; es que no se había comentado hasta que más adelante, una fiesta de aniversario de quince años que Jim y yo habíamos planeado, nos obligó a forzar el tema.

Hoy en día, mi sentido de ser un "otro" se ha evolucionado en una aceptación de mi individualidad. Considero una ventaja el poder ver la vida gracias a las perspectivas múltiples que otorgan una educación en una cultura y una vida familiar en otra. Pero mientras no puedo comprender el propósito de discutir la homosexualidad—del mismo modo que una avestruz busca refugio—verdaderamente aprecio la contribución de mis padres a mi desarrollo como ser singular, al igual que me parezco de muchas formas a ellos dos. Soy *un chip off the old block*.

Mi hija, Patty

GLORIA PEÑALOSA

Yo soy la hija de padres mexicanos. Mi papá es de la Baja California; mi mamá es de México. Ellos, cuando llegaron a Estados Unidos, no hablaban en inglés. Entonces yo, de chiquita, primero aprendí el español.

Cuando era muy joven, yo ya sabía que me quería casar, tener un esposo que me amara, y tener mis hijos. También sabía que iba a ser feliz. Y lo soy. Me casé a los dieciocho años, en San Diego.

Mi mamá fue cristiana. Cuando ella recién llegó, le dieron una biblia, que era algo que ella nunca había tenido. Eso fue algo muy importante para ella toda su vida. Ella siempre estaba en la iglesia; no nos dejaba salir ni a bailar ni nada, y si íbamos, le decíamos mentiras. Era igual con los novios. A mi papá no le gustaba que tuviéramos novios, pero éramos muchas muchachas, ¡siete! Tal vez por eso nos casamos muy jóvenes. Tengo una hermana que se casó de 15 años.

Tengo cuatro hijos, y mi hija Patty es la tercera. Y también tengo cuatro nietos y cuatro biznietos.

Patty era una niña hermosa, ocupada, quien quería aprender todo y saber de todo. Quería ir aquí y allá, ver, conocer, y era muy inteligente. La tuve que detener porque se largaba, solita. A ella le gusta el movimiento. Quiere viajar y hacer muchas cosas en su vida. ¡Quería andar sola! Se me iba a la tienda, y tenía que detenerla porque se me iba rápido. Y era muy bonita, gordita, de una cara muy bonita, igual que ahora.

Yo nunca fui una madre que empujara a mis hijos a que hicieran lo que yo quería, pero quise que Patty estudiara, se casara, y tuviera hijos. También quise que estuviera cerca de mi, aunque no muy cerca pero no muy lejos. Y no tengo problema ahorita ¡porque hablamos cada semana!

Mi esposo y yo no estabamos preparados para mandarla al colegio, pero ella quiso ir porque siempre andaba con un libro en la mano. Yo fui como mis padres, y más mi esposo. Vigilábamos a las niñas siempre. Teníamos la noción de que la mujer pertenecía en la casa y el hombre trabajando. No sé si sea bueno o malo, pero ya tengo sesenta años, y ahora es diferente, y tenemos que cambiar. No con todas las cosas, pero sí algunas.

No soy tan estricta con mis hijos ahora; veo las cosas diferentes. Cuando yo tenía a los cuatro niños chiquitos, mi esposo se iba a trabajar y me dejaba encargada de su cuidado. Me decía, "si algo les pasa, es tu culpa." Y ¡tenía razón! Yo era la responsable de ellos todo los días.

Pero hoy veo la vida más sencilla. Ya no veo todo malo como antes. Mi papá siempre nos hacía pensar en eso, en que había mucha gente mala en el mundo, y que teníamos que prepararnos porque había que proteger a la familia. No veo las cosas tan dificultosas hoy.

Hace cinco o seis años, Patty se reconoció como lesbiana cuando ya se había ido a vivir por su cuenta. En nuestra cultura mexicana, el que alguien sea un borracho, una lesbiana, un ratero, da lo mismo. Ninguno se ve muy bien. Yo no me sentí bien cuando ella me lo dijo, y Patty nunca va a entender el dolor que ella me dió a mi al decirme eso. Porque yo nunca quiero que le hagan una cara mala. A la sociedad de hoy no les gustan los gays, ni los gordos, ni nadie. Pero se me hizo una cosa muy difícil, y no lo pude aceptar. Todavía no he aceptado el que sea lesbiana, pero ella es mi hija. Me pertenece; no la puedo rechazar, pero reconozco que esa vida no me gusta.

Primero, moralmente, yo pienso que no lo quiso designado el Señor que dos hombres estuviesen juntos, o dos mujeres, y Patty no lo va a comprender nunca, y tal vez tú tampoco. Es un asunto moral. Es algo que es tan diferente para nosotros, los que no somos homosexuales, y los padres. No sé si es vergüenza lo que sentimos. Porque de Patty yo estoy muy orgullosa. Ella ha realizado muchas cosas en su vida, a pesar de que yo nunca le pude dar mucho dinero para sus estudios. Vivíamos así, moderadamente, así es que ella no fue una persona de muchos medios y le fue difícil conseguir el dinero para sus estudios, pero así y todo logró estudiar.

Sí, cuando me dijo Patty, eso sí me molestó mucho. Primero le dijo a su hermana, Becky, la mayor, y después a sus hermanos. Y después, todos vinieron a mi casa y me dijeron. Y yo dije, ¿cómo puede ser? Pasé dos años llorando, porque no fue solamente lo de Patty sino que también mi esposo se fue y mi mamá se murió. En eso del 1980 hasta el 1990, se me hizo la vida muy pesada.

Cuando era niña, yo no la ví así como niña a la que le gustaban las muchachas. En eso no me fijé. Pero ya de grandecita, sí. Tenía trece o catorce años cuando una vez vino con su amiguita de la mano. Y mi hijo Miguel fue el que me dijo, "mamá, Patty se está dando la mano con esta muchacha; eso no está bien." Pero le dije, "no estés pensando así, m'hijo; es su amiguita." Desde ese momento sabía, pero no por seguro.

En lo que sí me fijaba era que en que no quería mucho a los hombres. Cuando su papá me decía, "haz esto, o haz esto otro," a ella no le gustaba que él tuviera control. Me decía que los hombre mexicanos quieren tener a la esposa dominada, y me preguntaba, "¿por qué te dejas hablar así, dominada?" Y ¡él no era un señor malo! En mi cultura, mi papá era el hombre de la casa, y yo entendía eso, pero a ella no le gustaba que el hombre dominara. Ella lo cuestionó desde joven.

Miguel sabía que él era varon, y a él no le pareció bien que su hermana se agarrara de las manos con la muchacha, pero él no me supo decir por qué. Sí, los dos se criaron en la misma casa. Es raro, ¿verdad?

Yo nunca les di mucho ánimo en realidad; fue mi esposo el que les hablaba más de esas cosas. Yo solamente les guiaba en cuanto al bien y el mal; les hablaba de la escuela. Tal vez no debió de haber sido así, pero yo quería que ellos eligieran. Yo les daba el hogar. Yo siempre vi los roles diferentes del padre y de la madre. El hombre trabaja y la mujer se queda en casa cuidando a sus hijos. La mujer no debe estar cortando el pasto, ni lavando el carro. Yo le decía a Patty que lavara los platos, pero ella quería que José y Michael estuvieran lavando platos con ella. A veces los lavaban, cierto, pero yo no quería que ellos se casaran con unas flojas ¡y estuvieran lavando platos ellos mismos!

En casa, cada quien tenía su tarea, pues ¡el que quiere comer tiene que trabajar! Pero Patty quería que los hombres hicieran el trabajo de ella—lavar y planchar. Yo los ponía a trabajar afuera, porque era pesado el trabajo de afuera y yo no quería que se golpearan Patty y Becky. ¡Mejor que se golpearan los hombres!

En mi familia, tengo dos hermanas que tienen hijos gay. Una hermana mia tuvo un hijo que era gay que se murió de SIDA hace tres años, y otra hermana tiene una hija que es gay. Sí, hemos hablado de eso. Nunca quise que mi papá supiera, y mi mamá sí lo supo, pero calladita, no decía mucho. Estaba muy ancianita, y no le queríamos decir de esas cosas. Mi sobrina salió como lesbiana antes y Patty después.

Yo no supe por seguro si mi sobrina era lesbiana, pero se vestía como hombre. Patty nunca se vistió así. Su prima usaba el pelo muy cortito. En la familia sí se supo que era lesbiana. El sobrino nos dijo que tenia el HIV cuando ya estaba malo. Fue muy triste. Cuando se supo de Patty, lo conversamos entre mis hermanas, pues nos daba mucha vergüenza, mucha pena. Era lo peor para nosotros.

A lo mejor hubo otros familiares que eran gay, pero nunca se hablaba en esos tiempos; como del sexo, eso no se hablaba. Con mis hermanas, a lo mejor estábamos enojadas, pero nos sentamos y hablamos, sin criticar. Hablamos bastante de eso, porque somos cristianos evangélicos, y en nuestra religión es un pecado de muerte si uno no le pide perdón a Cristo, a Dios. Porque Dios no nos hizo así; hizo a Eva para Adán.

Seguro que mi sobrino nunca dijo nada porque fue criado en una familia cristiana. Fue una cosa muy trágica. Hay gente en mi familia que no acepta los gays, y me preguntan, ¿cómo puedes ir para Nueva York cuando tu hija no te honra? Sin embargo, ellos nunca van a estar en mi lugar, aunque tampoco los culpo a ellos. No es fácil para nosotras.

Mi sobrina ya supo que Patty era lesbiana; lo supo primero que nosotros, y se me hace que ella fue como la chismosa de la familia, queriendo que le apuntaran el dedo también a Patty, no solo a ella; habló de todo lo que no debía de haber hablado. Ella no hizo las cosas muy bien, ni mi hermana tampoco, pero, ¡yo no iba a dejar de hablar con mi hermana por eso, por el resto de mi vida! Hoy, yo no quiero discutir más de eso, pero en cuanto a eso de no venir nunca a verla, no. Eso de no quererla ver, o de que ella no pueda entrar a mi casa, no, ¡ella es mi hija!

Cuando otra gente critica a los gays, yo no me meto con ellas porque está de más que no me van a entender. Yo sé lo de Patty y lo de mis sobrinos, y me siento bien hasta con un amigo de trabajo que es homosexual, pero antes de decirle algo a la gente acerca de mi familia, yo trato de ver si la gente te aceptan. De otro modo, no lo converso con ellos. A los padres de hoy, francamente, yo no sabría qué decirles, excepto que tengan paciencia porque son sus hijos.

Soy la madre de Deyanira

ANA GARCÍA

Eramos once hermanos, diez hembras y un varón. Mi niñez estuvo bien. Nací y viví en la capital de la República Dominicana. Me casé a los 16 años, muy joven.

Mi familia nunca fue muy religiosa. Ibamos a la iglesia; sí, mi mamá iba, algunas veces, pero mi papá, no. El era un hombre muy frustrado, alcohólico.

Ahora yo vivo aquí, en Nueva York, con mi familia, con mi segundo esposo. Tengo tres hijos: Franklin de 23, Deyanira de 21, y Verónica de 22. Cuando los niños eran pequeños, Deyanira era una persona muy activa, muy estudiosa, muy cariñosa, y todo lo que le pasaba ella siempre me tuvo confianza y me lo decía. A la edad de doce o trece años, ella vino y me dijo, "mami, a mi me gustan las mujeres." "Bueno," yo le dije, "tú tienes muy poquita edad. ¿Por qué no esperas a ver qué pasa? porque tal vez con el tiempo eso se te quite."

Entonces, como a los catorce, me dijo, "mami todavía me sigue pasando el problema que yo te dije." Tal vez haya sido más joven cuando me lo dijo la primera vez, porque, tú sabes, cuando uno está trabajando, a veces no se da cuenta como pasa el tiempo. Pero yo le dije, "mira, cualquier problema que tú tengas, para mi tú siempre serás la misma." Nunca sentí resentimiento con eso. Así como Dios me la dió, yo la acepto. Todo esto pasó cuando ya estábamos viviendo aquí. Cuando nos vinimos para acá, los niños tenían 9, 10, y 11, así es que pronto después fue que sucedió.

Desde pequeña, ella tenía amiguitas; siempre fue muy amistosa con ellas. Con los varones no tanto. Eso sí que siempre le gustó vestirse como los varones, y la gente empezó a atacarme a mi por eso, y yo les decía que si ella quiere vestirse así, ¡ése es su gusto! Mis hermanos, mis cuñados, etc, me criticaban, pero yo les decía que "eso no se enseña; se nace."

Yo siempre fui muy frustrada con los padres míos porque me daban muchos golpes y no podía tener confianza con ellos, no podía ser abierta con nada. Entonces siempre me dije que no iba a ser con los hijos míos así. Los iba a aceptar como ellos fueran. A mis padres uno les decía "mamá, mire, pasa esto," y ellos ¡te agarraban con dos galletas! Así se cria a los niños en Santo Domingo. O le decía uno, "mamá, esto pasa," y ¡fua! que no te dejaban ni hablar. O sea que si tú querías hacer alguna expresión, no te dejaban conversar nada. Antes de escuchar lo que decía el niño era que te daban. Tal vez fue un poco de brutalidad y las cosas del pasado, pues habían tantos hijos, y mucha gente estaba sin trabajo o con el padre alcohólico, y nosotras teníamos que resolver las cosas como podíamos.

Gracias a Dios mis hijos no salieron niños muy violentos porque también se criaron en un hogar muy violento, por el padre que también era alcoholico y era muy abusivo. Pero me tenían confianza a mi. El papá no acepta a la niña como es. En ningún sentido. Ella le ha dicho, y él es de esas personas que no aceptan porque él se cree muy estricto, más yo sé que no somos perfectos, pero él dice que *prefiere verla muerta*, imagínate.

Cuando yo ya estaba segura, yo les dije a mis hermanas; algunas se pelearon, y otras dijeron que no podía ser, pero yo les dije, "no se metan ni con mi vida ni con mi hija, que ella es mi hija, y si quieren volver a mi casa, tienen que saber que ella vale para mi todo el oro del mundo," porque ella es una super niña. Ella siempre fue muy cariñosa, muy amable, la mejor, y si me oyen los otros, ¡me matan!

Para los otros padres imigrantes, que ahora tienen como cuarenta años y los hijos son jóvenes, yo les diría que tienen que aceptar a los hijos tal y como Dios se los manda. Si uno no les da apoyo, ¿quién se los va a dar? Por no aceptarlos como el Señor los mandó, ¿quién quiere ver a sus hijos muertos?

Creo que hay más cariño entre las mujeres, porque hay más comprension. Para mi es importante que mi hija encuentre a la persona con la que va a vivir el resto de su vida. Yo siempre le he dicho cuando sale a la comunidad que se cuide, y cuando tiene una pareja, si ella anda con su novia, que no se ande agarrada de las manos, porque uno nunca sabe dónde va a haber un mal pensado que las puede atacar. Hasta en mi familia, sí, hay otra gente gay, pero nadie habla de nada; están todos tapados, primos, sobrinos.

La vida de mi hija es bien satisfecha; ella es muy activa, feliz, y está envuelta en todo. Gracias a Dios que esté es un país libre, hasta cierto punto. Pero en los países de nosotros, si usted dice que tiene ese problema, porque no es problema para mi, pero para otros, ¡allí te apedrean! Pero aún aquí, uno nunca sabe qué pasa por la cabeza de la gente.

DOS POEMAS DE DEYANIRA

Tristeza

Estoy triste
Con un sentimiento tan vacío
Que hasta parece futil.
Más me tiene aquí
Aislada
Enfrente de ti, mi poema.
Ahogándome en palabras
Sin sentido, sin razón y con
Un motivo desconocido.

Mi agobiante tristeza ha
Clavado en mi corazón una debilidad tan triste
Que se siente amarga y cruel,
Que duele.

Le estoy siendo infiel
A la alegría que conocí ayer
La misma que hoy se encuentra
Opaca
En mi corazón de alegre serenata.

¡Oh, poema!
Me siento el corazón, a pesar de que es joven,
Viejo.
Siento arrugas por dentro
Mi joven corazón parece haberse muerto
En el eterno vacío del tiempo.

Mujer

Has hecho de mi un volcán en erupción en todos momentos.
Un huracán de sentimientos inmensamente inexplicables.
Teniéndote a mi lado diariamente,
Siento como un diluvio de amor abarca mi ser.
Eres una tempestad de pasiones inmensas.
Eres una nevada de amor. Hasta en tu ausencia siento el calor de
tu cuerpo junto al
mío.
Basta recordarte para estremecer.
Tus caricias (tan tiernas) y tus suaves besos
Me llenan la vida de una alegría inmensa.
Eres mi felicidad, mi amante, mi mujer.
Fíjate si eres todo para mi que
Hasta en la tinta que se desborda de mi pluma te encuentro.
Eres la corriente de un mar donde me ahogo y
Ahogándome en ti encuentro la vida.
Puedo ahogarme en tus ojos, tu boca, tus manos... en toda
tú,
Sin restricción alguna.
He quedado prisionero de tu amor desde que de ti me he
enamorado.
¡Ya no puedo más! Es imposible ocultar este amor loco.
Te siento en toda mi piel, así como me amas.
Siento tus labios navegando por mi espalda, tus uñas
arañándola con placer. ¡Oh mujer! ¿Qué haz hecho de mi?
Me haz enloquecido de amor... nunca te lo perdonaré
(Me estoy vengando, sí, amándote locamente, sin límites y
de las mil maneras como lo haz hecho conmigo.)

Sobre mi hijo

MIGDALIA COLLAZO

Mi familia es originalmente de Puerto Rico; emigraron a los Estados Unidos en los años '50. Mi madre tuvo cinco hijos, cuatro que nacieron allá, y yo que nací en Chicago. Ella siempre quiso tener a sus hijos en Puerto Rico, pero conmigo no alcanzó a llegar a la isla.

Yo vengo de una familia muy tradicional, muy estricta. Mi madre se crió en una familia donde mi abuelo era el patriarca y tenía todo el control en la familia; entonces ella nos enseñó así. Tenía creencias muy religiosas, y no nos permitía hacer muchas cosas fuera de la casa, por eso estábamos más aislados. El hecho de que hubiéramos crecido en Chicago no quería decir que no seguíamos esas mismas tradiciones de la isla. Nosotras crecimos con la idea de que una no iba a salir de la casa hasta que se casara con un vestido blanco, pues se decía que la mujer tenía que ser virgen hasta el matrimonio.

En mi familia, era mi madre la que estaba a cargo. Mi padre trabajaba de noche y ella estaba en casa, pero ella era la que tenía todo el control sobre los hijos y la familia.

De joven, yo tenía muchos sueños, pero desgraciadamente mi madre tenía diferentes ideas. No me permitía salir en citas, pero cuando una es adolescente, se comienza a interesar en los muchachos, y así sucedió. Me interesé en un joven al que, en realidad, nunca debí de haber conocido, pero mi madre, que en paz descanse, seguía la costumbre tradicional de que si una tiene un amigo debe traerlo a la casa a conocer a la familia. Ese fue mi mayor error porque yo estaba en el liceo y tenía aspiraciones de cantar y de bailar y seguir una carrera. Pero ella tenía una idea de que si una chica tenía un pretendiente, debía casarse, porque no quería que la gente tuviera la idea errónea de su hija. Así es que despues de cuatro meses de conocer a ese muchacho, me tuve que casar. Allí se fueron mis sueños, a los quince años.

No fue un matrimonio placentero. Duró diez años y sufrí mucha violencia en el hogar, hasta el punto de que casi perdí la vida—tres veces, yo diría. Tuve mis tres hijos así, tan joven y sin educación, sin saber nada de la vida. ¿Qué va a saber una a esa edad? Pero desgraciadamente, en esos días no se hablaba mucho de cómo la mujer podía protegerse contra el embarazo, y aunque yo tomaba las pastillas anticonceptivas al principio, me enfermé y me puse muy mal. Mi ex marido era muy machista, y era de los que opinaba que él no se iba a preocupar de eso. Bueno, fue una vida muy dura, pero aquí estoy—¡sobreviví!

Yo empecé a trabajar a la edad de doce años, porque siempre aparentaba ser mayor que mis hermanas, y entonces siempre trabajé, aún cuando tenía mis hijos. Volví a estudiar, una vez que me divorcié, y terminé mi educación. De a poco adquirí más experiencia, trabajé en un banco, fui supervisora, y después fui consejera, en cuanto a la adicción y abuso de sustancias, así como acerca del acosamiento sexual. Hoy, soy supervisora de un programa de voluntarios para la agencia, y mi enfoque principal es la violencia doméstica, a través de una línea de crisis. O sea, yo entreno a los voluntarios de la línea telefónica.

Aunque he vivido esta experiencia, he sobrevivido, y ahora puedo ayudar a otras mujeres que no tienen los recursos y no pueden encontrar ayuda. Después de haber pasado por esto, hay momentos en que uno tiene recuerdos muy fuertes, pero de a poco van desapareciendo, y esto es lo que me hace sentirme más fuerte, para seguir adelante y poder ayudar a los que lo necesitan. Así pueden detener el ciclo de violencia, porque si le sucede a las madres, le sucede a las hijas, y entonces, ¿qué mensaje se le está dando a los hijos?

Bueno, mis hijos fueron secuestrados por su padre, mi hija y mi hijo, y yo no pude criarlos como yo quería. Cuando él se los llevó, él les hizo mucho daño. Mi segundo hijo, Edwin, es gay, y él ha sufrido mucho por causa de esto. Ellos vivieron con su padre por cinco años, y yo no tenía idea dónde estaban. A la menor, no se la llevó porque estaba muy chiquita y estaba conmigo ese día. Finalmente, los encontré gracias a mi suegra, que fue quien me dió la información. Ella vino a visitar, y le dió el número del teléfono a mi madre. Me dijo dónde estaban, y yo tomé todo mi pago esa semana y los mandé a buscar. Ellos se vinieron a vivir conmigo.

En ese entonces, yo le pude haber causado mucho daño a él, a su padre, pero no quise hacer eso; solo quería tener a mis hijos de vuelta conmigo. Mi hija ya tenía quince años, y ella ya había internalizado muchas cosas; también había sufrido un daño a través de todo esto. Ella quedó encinta, y también se casó muy joven, y ha vivido una vida de violencia en el hogar. Me siento como que no pude estar allí para detener esos sucesos. Su padre se había casado de nuevo, y también estaba abusando a su segunda esposa. ¿Qué otro ejemplo tendría entonces?

Todo el mundo tiene sus creencias acerca de que es lo que hace a una persona lesbiana o gay, pero cuando mi hijo era bien pequeño, yo vi muchas señales que me indicaban que tal vez iba a ser gay. Puedo decir que tal vez lo sabía, pero no estaba segura. Como cualquier madre, yo pensaba que a lo mejor era una etapa que estaba pasando. Y después, cuando me lo quitaron por cinco años, él volvió a los doce años, con temor a lo que yo iba a pensar, a que lo iba a desheredar, de que no lo iba a aceptar, y no me decía nada.

El pasó por muchos cambios cuando era adolescente, y hasta comenzó a robar carros y se puso en problemas. El salía con muchachas, pero no se sentía cómodo con ellas. Pasó por muchos problemas, por todo el proceso que pasó de rebelión, de no saber si yo lo iba a aceptar en un principio. Pero un día lo confronté y le pregunté, y él me dijo que era gay. Yo le dije, "no importa cuál sea tu preferencia sexual; lo único que importa es que yo soy tu madre, y yo siempre te voy a querer, y no tienes por qué esconderte de mi." Y yo lo acepté, porque tenía un instinto de que sí era gay y de que yo tenía que estar cómoda conmigo misma al respecto. Cuando él vió que yo me sentía cómoda, entonces él pudo abrirse conmigo. Cuando yo lo abracé, él se sintió con confianza. Y él le dijo a toda la familia, y todos lo aceptaron. Los únicos que no lo aceptaron son los miembros de la familia de mi ex-marido.

Mi hijo tenía 12 años cuando volvió a mí, y su hermana tenía 15. Ellos tenían que estar muy unidos debido a toda la violencia que sufrieron. Cuando él habló conmigo, ya ella lo sabía todo.

Ahora mi hijo tiene 25 años, y reside en Texas, porque allá se siente mejor, ya que más o menos se crió allí, pero yo tengo miedo de que le suceda algo porque está muy lejos y, porque la gente no lo comprende. Yo sé que él todavía pasa por muchos cambios, porque hay gente que no entiende hasta que alguien en su propia familia es gay.

Mi segundo hermano, yo diría que era bisexual, porque estuvo casado, y en realidad, nunca nos dijo nada acerca de ningún otro hombre. Mi hermano le dijo a mi hijo, pero no a nosotros. Yo sabía, porque todo lo que nos pasaba a cada uno de nosotros nos afectaba a todos. Mi hermano, desgraciadamente, tuvo una vida muy difícil, porque él usaba drogas y fue muchas veces a la cárcel; él empezó a vender drogas cuando tenía diez años, y después las empezó a usar. Al principio nunca me fijé en nada porque era muy buen mozo, ¡y era un flirt![1] Yo no sabía, porque nunca vi ninguna señal de que le gustaran los hombres; nunca los miraba. El siempre estaba haciéndole gracias a las mujeres. Pero una vez descubrí, cuando él estaba en la carcel y lo fui a ver, que mi hermano tenía marcas en el cuello, y yo sabía que él no podía tener contacto con sus visitas y solo habían hombres allí. Entonces fue que puse dos y dos juntos y me di cuenta. Para mi siempre era mi hermano, pues a mi nunca me importó lo que hacía en su vida privada, pero era algo que él quiso guardar privado. Pero a mi hijo sí le contó, porque creo que se dio cuenta que mi hijo estaba sufriendo, y entonces habló con él.

Mi hermano pasó por muchas cosas en su vida, porque no podía actuar como era, y no quería herir a mi madre, porque pensó que ella iba a morirse si hubiese sabido. Y mi padre, desde luego, no lo podría haber soportado. Mi madre falleció primero, a los 55 años, de un ataque al corazón, y eso realmente puso muy triste a mi hermano porque ella siempre estuvo allí para él. Ella lo quería mucho porque él fue su hijo favorito. Pero igual, él nunca salió a la luz, nunca dijo nada. De hecho, la única vez que nos dijo algo fue más tarde cuando nos dijo que era VIH positivo. El nos dijo el mismo día en que enterramos a mi madre. El estaba llorando, y nosotras, las hermanas, le preguntamos, ¿qué te pasa? ¿por qué lloras? y él nos dijo, "porque me veo próximo a mamá, junto a ella. Porque soy VIH positivo." ¡Qué golpe tan tremendo para nosotras! Nuestro último hermano, en ese día, cuando ya habíamos perdido a nuestra madre.

Más él no falleció de SIDA, aunque ya más adelante si se enfermó de SIDA. A mi hermano lo asesinaron, lo mataron en la calle, lo apalearon.

Pero mi hijo, mi hijo es muy abierto ahora acerca de sí mismo. ¡Demasiado abierto! Si, es muy abierto, y se siente muy bien consigo mismo, y yo me siento bien con él, aunque yo me preocupo por él porque a veces él anda sin ningún cuidado. Lo quiero muchísimo porque tenemos una relación muy buena. Nunca lo he rechazado, porque es mi hijo y lo quiero mucho; siempre lo he aceptado y no me importa lo que él quiera hacer. El sabe que es mi hijo y por eso yo lo quiero. Yo siempre lo voy a defender de cualquier persona que quiera hacerle daño. Pero especialmente él, allá en Texas, dónde tiene una pequeña comunidad y puede ir a los clubes, pero no es mucho, porque no hay aceptación dentro de la comunidad latina. Así es que siempre le digo que se cuide mucho.

---

[1] Era muy zato.

Doña Emelina, mamá de Emy

EMELINA MARTÍNEZ

Yo soy cubana; vengo de Oriente, de Puerto Padre. Ahora vivo en Hialeah, en la Florida, pero estuve muchos años viviendo en Nueva York y en Union City, New Jersey.

Tengo dos hijas gemelas, Emelina y Teresa. Fui madre soltera, porque el padre de ellas no las quería. Hice todo lo que pude por poderles dar lo que estaba a mi alcance. Trabajé en una factoría de manteles en New Jersey, hasta que nos fuimos para la Florida, y aquí he vivido con mis hijas, bastante felices las tres, mis hijas y yo. Son completamente diferentes, la una de la otra, aunque son gemelas. Una era bien putilandia, bien coqueta, y la otra...!

Siempre fueron unas niñas muy buenas. Lo que pude enseñarles de español, con lo poco que les podía enseñar, lo hice. Yo hablaba en inglés una palabra que otra. Siempre estuve con ellas desde que eran chiquitas; nunca me he separado de ellas.

A Teresa le gustaba mucho ponerse vestidos y bailar con los muchachitos, mientras que a Emelina le gustaba jugar afuera y montar a caballo, ¡y de allí le salió la idea de que quería tener un caballo!

Cuando ella era ya una adolescente, entonces traté de verla

como ella actuaba de chiquita, que no iba a ser tan afeminada como la hermana. Por ese entonces fue la declaración. Una maestra, a la que yo quiero mucho, me contó que los muchachos le habían dicho algo en la escuela, pero yo me callé y no le dije nada. Una vez, cuando estaban en la casa con una amiga, tuvieron una discusión, las dos hermanas y la amiga. Una hablaba en inglés y la otra en español, y yo captaba una palabra aquí y otra palabra allá.

La hermana iba a salir con una amiga, y Emelina se quedó conmigo mirando televisión. Entonces escucho que se dicen algo de que se van con los hombres para sacarles dinero. Emelina salió entonces de la sala detrás de su hermana como una gallinita. La muchacha se le encaró y le dijo que "¡peor eres tú! que ¡lo que tú eres es una tortillera!" Y yo, pues, bajo la cabeza y pongo la frente en mis manos, abro dos llaves, y me echo a llorar. Porque aunque lo pensara, no lo sabía por seguro.

Yo en Cuba jamás había oido nada de eso, ni de "pata," ni de lesbiana, ni de drogas, nada. Yo vine inocente para este país. Ese día, después de la pelea, Emelina vino donde mi y se puso de rodillas y me dijo, "mamá, yo sé que estoy pecando contra Dios, y si tú quieres yo me voy ahora. Yo recojo y me voy ahora." Y yo le dije no, que ella era mi hija, que yo la había traído y tanto una como la otra tenían el derecho de estar conmigo, que no deberían separarse.

Allí aprendí sus cosas. Claro que me dolian, porque no es lo que yo esperaba, pero cuando hablé con una maestra que yo quiero mucho, la Misy Fajardo, que es la mamá de Gloria Estefán, me sentí mejor. Ella fue profesora de mis hijas; es muy buena amiga, y le tengo gran cariño a esa señora porque me ayudó mucho. Porque la otra hija, a los 18 años, me cogió drogas, le dió un ataque, y un médico que yo bendigo donde camine fue el que la internó en el hospital. Yo creía que era un ataque, pero él me dijo, no, son las drogas.

Entonces la Misy Fajardo me ayudó mucho con Emy, a comprender que eso era lo normal, y yo también estaba con tratamiento psiquiátrico, y los médicos me hablaban también y me dijeron que eso era normal, y ahora yo las acepto tal y como son. Para mi, mis hijas son lo mas grande que Dios me ha podido dar.

Emelina siempre se ha llevado bien con todo el mundo. Yo solo he tenido un disgusto con una de las amigas, porque llegó tarde un día y armó un escándalo en la casa, y yo me levanté y la boté de la casa. Ya ni me acuerdo cómo se llamaba, porque eso es lo único que yo no tolero, los escándalos en casa. Pero todas las demás han sido muy buenas.

Emy se fue hace poco para Washington DC, porque antes trabajaba en eso del SIDA en Miami, en downtown, y allí fue dónde le ofrecieron un trabajo porque ella estaba capacitada para eso. Ella me dijo, "mamá, si usted quiere, yo no me voy," pero yo le dije, "no, usted empieza y yo, ya ahorita me voy," porque ya tengo muchas enfermedades encima y los médicos me dicen, "se va a morir," y les digo, "si ya sé que me voy a morir." No le tengo miedo a la muerte.

Está mi Señor y la Santísima Virgen que yo amo mucho. Porque desde el parto de mis hijas, sufrí mucho, y he tenido la racha de enfermedades, y me dicen, "que te vas a morir, " y yo, "si, ya sé que me voy a morir," pero yo dije, "Señor, pon las manos sobre el médico y guíalo," y así ha resultado todo. Porque yo soy católica, romana apostólica y practicante, y para mi el Señor está sobre todas las cosas. ¡Y la Virgen!, Aquí tengo el escapulario de la Virgen conmigo, que aunque la Virgen de Cuba es Nuestra Señora de la Caridad del Cobre, yo me eduqué en un colegio con monjitas mexicanas, así es que me encomiendo a la Virgen de Guadalupe. Y espero ir a ver a mis monjitas; ellas están viejitas, y yo estoy vieja ¡pero ellas están mas viejitas que yo! Así espero llegar porque he hecho una manda para llegar a verlas.

¡Pero mis hijas son maravillosas! Esta quisiera tener dinero para tenerme en villas y castillas. Hoy me quería cocinar arroz blanco con huevos fritos—¡pero no aprenden a cocinar! Poque le dicen a todo el mundo, ¡ay mi mamá! Pero yo les digo, pero aprende a cocinar porque yo me voy y tú te quedas. Pero han comprado una olla de arroz como para el ejercito. Como yo soy diabética, tengo una ollita chiquitica porque trato de no comer mucho el arroz.

Yo pienso que Emelina a su manera es feliz. Lo que le pido es que me de un hijo, porque me gustaría tener un nieto. Tengo tantos nietos. Nicaragüenses, bolivianos, de todo, pero no tengo uno de sangre. Yo le digo, "¡ay mija, aunque sea uno de esos de espermatozoide, tenme uno!" Está pensándolo. Pero la otra no quiere.

Pero los padres deben apoyar a los hijos y no abandonarlos jamás. Ahora, yo estuve en casa de unos muchachos gay que están casados, y son como hermanos de Emelina. Yo los quiero mucho. A mi me ayudó mucho la profesora, que fue una bendición, la Misy Fajardo, la mamá de Gloria Estefán. Alguien así debe haber en todas partes para que le pueda dar apoyo a los padres y después uno pueda ver claro y apoyar a sus hijos. Porque cuando mi hija, Emelina, se me tiró de rodillas y me dijo que se iba de la casa si yo se lo pedía, yo le dije que no, de ninguna manera, que ella siempre estaría conmigo, donde yo estuviera.

EMY MARTÍNEZ

Salí del closet cuando tenía 20 años. Estando peleando con mi hermana gemela, Teresa, ella me empezó a gritar que era una "tortillera." Mi mamá escuchó la pelea y me preguntó qué quería decir Teresa con eso. Me arrodillé frente a mi madre y le dije que era cierto y que si ella quería, yo me iba de la casa esa misma noche. Mami me dijo que no quería que me fuera de la casa, que ella no aceptaba mi vida, pero me aceptaba como su hija.

Mami fue madre soltera, y en mi casa solo vivíamos mi hermana gemela, mi madre, y yo. Eramos muy cercanas, y teníamos una relación de amigas. Sin embargo, buscando aceptación, traía mis novias a la casa, las invitaba a comer, y trataba de que mi mamá compartiera con ellas, o por lo menos, las conociera.

Hubo momentos en que no podía lidiar con la situación, que no entendía lo que estaba sucediendo. Era posible que mamá se estuviera echando la culpa de que yo era así. Llegamos al punto en que ella me pidió que no trajera más novias a la casa, porque se encariñaba con ellas, se aprendía los nombres, y luego tenía que comenzar a conocer a la nueva novia. Luego, empezó a acompañarme y a servir de voluntaria en las caminatas contra el SIDA (AIDS Walk) y la fiesta a beneficencia de los servicios del SIDA donde todos iban vestidos de blanco, el *White Party*, en Miami.

Mientras mamá servía de voluntaria conmigo, todos mis amigos la adoptaron como su Mamá, y me decían de la suerte que tenía yo de tener una madre como la que tengo. Compartía en las fiestas de las muchachas y mis amigas la defendian a ella sobre mi. Estuvo a mi lado en la manifestación por los derechos humanos en Miami Dade County, y hasta hizo una entrevista en *LatinaStyle* Magazine acerca de mi proceso de salir del closet para la edición del Día de las Madres. Tomó un tiempo, pero ya hemos llegado al punto en que me acepta y llevamos una buena relación.

Al día de hoy, mi hermana y mi madre me aceptan y me apoyan en mi relación, en mi trabajo, y en mi vida, tal y como soy.

Tenemos mucho que andar

Luz González

Yo vine a los Estados Unidos a la edad de once años. Vengo de una familia de dieciocho hermanos y hermanas. Mi papá era electricista, y mi mamá era ama de casa. Venía de una familia que, como le dicen ahora en los Estados Unidos, era *disfuncional*, porque papá era alcohólico y había mucha violencia doméstica.

Vivimos allá en el Bronx, donde llevaba una existencia de niña normal, pero con muchos problemas por el alcoholismo. Como éramos muchos, vinimos de dos en dos. Mi papá se vino primero, solo, y dejó a mi mamá. Después, ella se lanzó a buscarlo, y una vez que lo encontró, mandaron a buscar a los hijos mayores. Yo fui unas de las últimas en llegar, y mientras tanto me quedé con familiares.

Me fue muy difícil al principio porque no hablaba inglés. Vine a una escuela dónde no había educación bilingüe y donde, por supuesto, la maestra no sabía pronunciar mi nombre; cada vez que ella me hablaba, yo me quedaba asustada porque no sabía lo que quería. Pero a través de una compañerita, supe que se refería a mi. Como era niña pequeña, me fue fácil aprender el idioma y, durante ese primer verano, aprendí a hablar inglés. Fue el mejor período de mi infancia. Era una niña como todos los otros niños. Me gustaba jugar y salir. Mi padre estuvo mejor durante ese tiempo, porque mientras estaba aquí no tomaba tanto, y estábamos bien; no nos faltaba nada. En Puerto Rico, habíamos sido muy pobres, y aquí habían más oportunidades, y pues, vivimos mejor.

Mi sueño era de ser *beautician*, de trabajar en un salón de belleza. Fui a la escuela de belleza, y después, me enamoré. En ese tiempo, no sabía, pero lo que me decían de chiquita era que debía casarme, tener niños, ser esposa. Pues, cuando me enamoré, dejé la escuela, y me casé.

Mi esposo me trajo aquí, al estado de Connecticut, y aquí estaba solita sin nadie, sin ningún apoyo. Mi esposo me pegaba mucho. Así tuve tres niños; tuve una vida muy mala con él, pero nunca dije nada en mi casa, nunca me quejé a nadie. Así estaba, desconectada de la familia. Me tenía amenazada y no me dejaba tener amistades; además me pegaba y me tenía encerrada. Conocí, gracias a Dios, a dos mujeres que trabajaban en el campo de salud mental, y ellas me empezaron a hablar acerca de trabajar para establecer un refugio para mujeres maltratadas. Me aconsejaron, y me dijeron que yo sí podía hacer cosas, y así fue que finalmente pude terminar mi relación. Eso fue en el año 1966.

Vinimos a establecer el primer refugio para mujeres maltratadas en esta ciudad, porque yo no tenía a dónde ir, ni recursos, ni a nadie, y fui una de las primeras en ir a ese refugio, que todavía existe.

Ahí empecé a envolverme en la comunidad. Vi que tenía que haber un sitio donde pudieran ir mujeres como yo. Quise educar a mujeres latinas para que se envolvieran en la comunidad y comenzaran a hacer cambios. Con la ayuda de estas dos trabajadoras sociales americanas, pude comenzar. Muchas de las mujeres que yo invitaba para que vinieran a los talleres de educación decían que sus esposos estaban diciendo que eso se trataba de *gente gay*, y que yo las quería envolver para que ellas fueran gay.

De hecho, mi vida empezó a cambiar, y yo empecé a ser mas asertiva; naturalmente, los esposos de estas mujeres interpretaron todo lo que se hacía en el centro como una amenaza contra su sistema de vida. Ellos no dejaban que las mujeres vinieran, pero seguimos hacia adelante y formamos grupos y muchas mujeres vinieron a ser voluntarias en la comunidad. Yo seguí explorando nuevos sitios, y me mudé para New London como directora de una agencia latina. Ahí fue que comenzó mi trabajo de administradora, pero siempre fue dentro de la comunidad latina.

Yo fundé una agencia que se llama Casa Boricua, en Meriden, con dos amigos gays latinos, un mexicano y un puertorriqueño. Empezamos a trabajar juntos y a reconocer que los latinos que vivían en esa ciudad tenían necesidades que nadie respondía. En dos años pudimos abrir una agencia que comenzó a dar entrenamientos de GED (certificado de adultos), a ofrecer clases de inglés como segundo idioma, muchos servicios para la comunidad, y hasta entrenamiento para buscar trabajo. Todas estas cosas las brindan en esa agencia hoy en día.

A Hispanos Unidos llegué en 1993. Es una agencia que fue fundada para trabajar con las personas con HIV, y yo nunca había trabajado en ese campo, aunque antes había tenido una posición en Meriden, y en Boston trabajé cuatro años con el Boston Visiting Nurses.

Cuando yo me separé de mi esposo en el '67, crié a mis hijos y los eduqué sola, trabajando, luchando, pasando buenos y malos ratos. Mis hijos ya se casaron y tuvieron hijos. Ahora tengo cinco nietos.

El año pasado, uno de mis hijos se separó de su esposa y vino a decirme que se iba a divorciar, y estaba muy triste. Me dijo que su esposa le había confesado que ella había tenido una relación con otra persona. Me dolió mucho porque era una familia feliz, aparentemente. Ellos tienen una hija. Mi hijo me contó que "Lo que más me duele es que es otra mujer, y yo le voy a quitar la niña, porque yo no quiero que mi niña se críe así." Yo le dije, "bueno, ella es una buena mujer que ha sido buena madre, y yo no creo que ella vaya a exponer la niña a nada malo. Vamos a pensar las cosas. Ahora mismo, tú tienes mucho coraje y yo entiendo, pero tienes que pensar las cosas." Y hablamos, mi hijo y yo.

Su esposa me llamó, diciéndome que ella lo sentía mucho y que me quería hablar. Yo le dije, "no me tienes que explicar nada. Tú sigues siendo mi nuera; yo te quiero mucho, y estoy aquí en todo lo que te puedo apoyar y ayudar. Yo te doy mucho crédito porque debe haber sido una decisión muy dura. Porque tú tuviste el valor de sentarte con mi hijo y decirle la verdad."

Mi nuera es puertorriqueña, nacida aquí. No creo que sus padres lo sepan, porque me dijo que no quiere causarles la molestia y el dolor a ellos en estos momentos, pero si llega el momento en que ellos le pregunten, ella se lo va a decir. Pero sí se lo dijo a la niña. Ella tiene doce años, y las dos están asistiendo a consejería para terapia.

Cuando nos vimos, mi nuera estaba muy aliviada, pero no sorprendida, porque ya yo le había dicho por teléfono que ella seguiría siendo la misma. Y ella se echó a llorar. Cuando nos vimos en persona, nos abrazamos, y las dos lloramos. Ella me dijo que quería mucho a mi hijo, pero no podía seguir viviendo así.

Ella me visita; está un rato conmigo; me llama. Mi nieta ahora puede ver a ambos padres, de hecho todos los fines de semana está con su padre. Y creo que la relación se está mejorando.

No es algo que yo encuentre difícil conversar con otra gente, aunque no es algo que yo comento con todo el mundo. Si se presta el momento, sí. Actualmente, yo estudio en la universidad, y de hecho, en mi clase sobre opresión, yo escribí un ensayo sobre éste tema. Lo puedo hablar; no me avergüenzo. Respeto los sentimientos de mi hijo, porque como hombre heterosexual se siente humillado, y él tiene que bregar con eso, pero no lo escondo ni la escondo a ella. Donde quiera que ella esté, sigue siendo mi nuera.

Sobre todo, les diría a los padres de los jóvenes gays y bisexuales que son sus hijos. Tengo tres hijos varones, y si algún día uno de ellos me dice que es gay o bisexual, pues mira, eso pasa. Una de las cosas que yo veo que es un problema de la comunidad latina es que no podemos hablar. Hay mucho dolor en nuestra comunidad por esto; hay personas que no se revelan ellos mismos porque temen.

Yo tengo muchas amistades gay, y hemos sido amigos desde hace mucho tiempo. Tengo un amigo mexicano que estaba en una relación con una señora con quien se casó solamente por conseguir los papeles que le permiten quedarse en este país como ciudadano legal. La relación solamente era eso; no había relación sexual, y ella me contó que él le había dicho que pensó suicidarse por su identidad. Y aunque yo era su amiga, él no me lo había dicho; no encontraba cómo decírmelo, pero era importante para él. La señora le dijo, "habla con Luz, cuéntale la verdad; ella te va a entender." El me llamó y, cuando me dijo, yo le abracé y le dije que yo estaba allí para apoyarlo a él. Me contó entonces que siempre había sido gay, pero que no se lo podía contar a su familia.

Por eso yo les diría a los padres de los jóvenes gay que tengan mucha paciencia con sus hijos. ¿Cuántas niñas y cuántos niños se han quitado la vida porque están confundidos, porque son despreciados por sus propios padres? Si alguno de mis nietos o nietas se declaran como homosexuales en el futuro, y de hecho yo tengo familia homosexual, entonces yo estaré aquí para apoyarlos. Mi amor por ellos no va a cambiar, y mientras yo pueda educar a mi comunidad sobre ese tema, lo haré.

Desafortunadamente hay mucho odio al homosexual todavía, y en nuestra comunidad latina hay mucho que andar. En Puerto Rico es muy triste porque hay mucha violencia contra los homosexuales, hay mucho *gay bashing*. Los hombres heterosexuales se creen muy machos. Yo he ido a los bares de homosexuales en Puerto Rico, ¡y alli van muchos hombres heterosexuales!

Ahora, en la agencia, yo inicié un programa de "hombres que tienen sexo con hombres." Los hombres heterosexuales hacían comentarios que eran hirientes, y por eso tenemos un grupo específicamente para hombres que se identifican como gay, para que no tengan que bregar con eso. Los pasan pero no lo aceptan. También sucede en la comunidad afro-americana tanto como la latina. La gente dice, "Yo la puedo aceptar, pero esa persona que es demasiado *obvia*, esa no." Ellos usan sus propios términos, que no los repito, pero no soportan a una persona a no ser que sea un profesional que no se demuestra como gay. Por eso me parece que hay que hacer mucho trabajo para llegar a un nivel de aceptación que sea más justo, y es necesario que todos participemos.

Recursos Esenciales

PAPÁ, MAMÁ, SOY GAY: Una guía, Rinna Riesenfeld. México,
D.F.: Editorial Grijalbo, S.A., 2000
Desde Estados Unidos: 011-52-5-286-0895
Fax 011-52-5-286-0895
www.elarmarioabierto.com

PFLAG: RED DE HISPANO HABLANTES - Spanish Speakers
Network. ¿Necesita ayuda? Llame al 202-467-8180

"Advice to Latino Parents of LGBT Children", by Nila Marrone,
SIECUS, Vol 29, No. 4, April/May 2001

Abordando la temática gay en la escuela. Manual de recursos.
Para conseguirlo: www.ppct.org/Abordando/abordando-toc.htm

DE COLORES: Una documental. Pedidos a: Peter Barbosa,
EyeBite Productions, 4150 17th Street #1, San Francisco, CA 94114.
Tel. 415-431-6411
Fax: 415-551-1723
www.eyebite.com
peter@eyebite.com

LA INTERSEXUALIDAD: Comuníquese con ISNA
Intersex Society of North America
Para información en español, llame a Nila Marrone, 914-337-9320.
www.isna.org

Centro de recursos en el sitio WEB de LLEGÓ
http://llego.org/recursos.htm

Una última palabra

Los sencillos pero conmovedores testimonios recopilados por Mariana Romo Carmona en este libro, nos recuerdan que, a pesar de los avances logrados en las últimas dos décadas por la comunidad latina gay y lesbiana, la homofobia continúa existiendo en los Estados Unidos, en los países latinoamericanos y, peor aún, dentro de nuestras propias familias.

En estos relatos aparecen los temas que todos conocemos: las historias de rechazo; las historias de gays que murieron de SIDA, empeñados en morir solos guardando el secreto de la enfermedad por temor de que sus familias, y a veces sus amigos, los rechazaran. Otros testimonios rememoran la tragedia de aquellos que se suicidaron porque no podían soportar el tratamiento frío y hostil de sus familias. Y, como para que no olvidemos que muchas de estas historias se originan en latinoamérica, un padre nos recuerda que hubo hasta hace poco un dictador que ordenaba la captura de los "homosexuales y los llevaba a un barco y cuando estaban en alta mar, les amarraba una pesada piedra…y los tiraba al mar." Y una madre nos habla de un hijo que "se tuvo que retirar de la política porque recibió amenazas de muerte". "Las cosas han cambiado en Puerto Rico", añade, "pero no mucho".

También aparecen en este volumen las consabidas preguntas que muchos de nuestros perplejos padres se han hecho: ¿Por qué resultó mi hijo gay o mi hija lesbiana? ¿Será culpa mía por algo que hice o no hice? ¿Dónde me equivoqué? Aparecen también los testimonios de los padres que –desconcertados— descubrieron un día que su hijo no era un varón tradicional—que le gustaba más tejer y bailar que hacer deportes; o de hijas que crecieron sin interesarse en los novios, quienes practicaban el deporte, y preferían jugar con camioncitos en vez de muñecas. Una de las valientes madres que participa en este libro dice simplemente: "salió de mi vientre y como salió de mi vientre yo no lo voy a rechazar". Otro padre nos recuerda que lo importante acerca de un ser humano es "que sea buena persona…no que sea gay o… heterosexual".

Cuando Mariana Romo-Carmona me preguntó si podía ponerse en contacto con mi madre para entrevistarla para este libro, tuve que decirle que no. Mi madre siente que todo lo que yo escribo acerca de ella es una invasión de su vida personal, y ella es una persona reservada, que no desea hacer vida pública. Ahora, pienso cuánto me hubiera gustado conocer, en las propias palabras de mi mamá, lo que ha significado para ella haber tenido un hijo —su único hijo— gay. Me hubiera gustado saber cómo pasó de ser alguien que no aprobaba de mi homosexualidad, a alquien que me acepta hoy día como gay y no sólo a mí, sino que a la otra gente gay en mi vida.

Después de leer estas historias, me parece que tan valientes son los gays y las lesbianas que deciden vivir *fuera del ropero*, como lo son los padres que, forzados a confrontar su propia homofobia, lograron cambiar y aceptar a sus hijos e hijas tal cual son. En lo que insisten muchos de los padres en este libro es que lo importante no es la orientación sexual, sino los valores espirituales e intelectuales de sus retoños.

Este libro deja en claro que muchos padres y madres abandonan sus opiniones homofóbicas cuando sus hijos resultan gay. Por eso, mientras más gays y lesbianas salgan *del ropero*, habrá más padres que cambiarán sus creencias y actitudes. Es posible que por ahí sea donde tal vez sucederán, dentro de nuestra cultura, los cambios más importantes respecto a las lesbianas y los hombres gay.

Jaime Manrique
Nueva York
may de 2001

Quienes Somos

VIVIANA ANDINO es de Río Piedras, Puerto Rico, y es madre de cuatro hijos, Tomás, Lourdes, Leslie, y Luis Rubén. En 1965 se mudó a Nueva York, continuó sus estudios de enfermera, graduándose de enfermera registrada al mismo tiempo que crió sus hijos, y le proveyó hogar a muchos jóvenes más. Su hijo mayor, Tomás, falleció en 1993, dejando una gran familia que lo recuerda con mucho cariño. Bibi, como la conocen sus amigos, vive ahora en Massachusetts y a menudo viaja a Manhattan para bailar y compartir con la comunidad en Nueva York.

CORINA ASZERMAN: Nací en la Argentina en Buenos Aires en 1948. Emigré a Canadá en 1982, soy madre de 4 hijos y me siento muy orgullosa de ellos. Soy una trabajadora social y desde hace 10 años trabajo con la comunidad Latina, especialmente con mujeres, dedico mi trabajo a luchar por el derecho de las personas a tener vivienda y trabajo. Mi otra pasión es la pintura. Me siento muy honrada de poder compartir con ustedes a través de este libro mi experiencia como madre de dos hijas lesbianas.

JUANA BERINSTEIN, nació en Argentina y emigró a Canadá en 1982. Trabaja en un centro comunitario para mujeres (Women's Counselling Referral & Education Centre). Está involucrada con una colectiva de latinas en Toronto que producen un programa de radio feminista en castellano. Cuando no está trabajando la podés encontrar matemiando, escribiendo, dibujando, o metida hasta los codos en cerámica.

MIREYA CAMARENA es la madre del activista, Richard Camarena. Nacida y criada en República Dominicana, ha vivido en los Estados Unidos desde 1980; reside en la ciudad de Nueva York, rodeada de sus hijos e hijas, nietos y nietas, en fin, una gran familia muy unida.

MIGDALIA COLLAZO es puertorriqueña, nacida en Chicago, y es madre de tres hijos. Ella es supervisora de un programa de voluntarios que provee servicios para la comunidad latina en Chicago.

EVELYN DOMÍNGUEZ nació en Puerto Rico en el 1937. Transcurrió su niñez y adolescencia en el pueblo de Caguas. En 1954 cursó estudios universitarios en St.Paul, Minnesota, y crió a sus hijos. En 1978 emigró a Hartford, Connecticut donde se desempeñó como profesora y cursó estudios de Maestría en Consejería. En la actualidad coopera para llevar el concepto y beneficios de PFLAG - CT a la comunidad hispana. Es activista en el campo de Cáncer del seno en la mujer, y hace voluntariado en la organización Niñas Escuchas. Vierte su amor a su tierra y a su gente en poemas y actualmente trabaja en sus memorias, para asegurar el legado de sus raíces a sus nietos.

ANDRÉS DUQUE es colombiano; un incansable activista contra el SIDA en el área de Nueva York que ha fundado un importante programa para la comunidad latina, en el Latino AIDS Organization, llamado *Mano A Mano*.

DARÍO DUQUE es el padre de Andrés; es oriundo de Colombia, y cursó sus estudios en Boston, en los años ochenta.

GLORIA ESCOBAR es colombiana; madre de tres hijos, y vino con su familia a los Estados Unidos a estudiar en 1980. Después de una estadía de seis años en Syracuse, New York, Gloria obtuvo su maestría en bellas artes (MFA). Actualmente vive en el estado de New York, y mantiene una relación estrecha y muy comunicativa con su hijo, el activista Andrés Duque.

ANA GARCÍA, de 41 años, nació en República Dominicana y vive en Nueva York. Es madre de tres hijos y tiene una nieta. Ana trabaja de Home Attendant, disfruta la música, y su filosofía es muy positiva: mientras haya vida hay esperanza.

DEYANIRA GARCÍA es una joven poeta nacida en la República Dominicana. Vive en los Estados Unidos desde el 1988. Empezó a escribir a la edad de doce años y con el tiempo desarrolló un gran amor hacia la poesía. Escribe por amor y para el amor. Dedica sus poemas a todo aquel que aún piensa que el amor es causa suficiente para luchar.

ANGELA GÓMEZ salió de Cuba en Octubre de 1966. Desde ese entonces vive en Houston, Texas, donde crió a dos hijas, Ana María e Ibis, y está ahora criando a su nieta, Ibiana. Viuda y retirada, Angela comparte su tiempo entre sus hermanos, Horacio y María Victoria, quienes son también ya viejos.

IBIS GÓMEZ-VEGA, nacida en Cuba, se crió en Houston, Texas, pero vive en Illinois, donde es profesora de literatura americana en Northern Illinois University. Es la respetada autora de varios cuentos, una novela lesbiana, *Send My Roots Rain(1991)*, y publica criticismo literario en jornales como *The Americas Review* y *Discourse*.

GLADYS GONZÁLEZ nació en Cuba, en 1937. Ella y su esposo y sus dos hijos salieron de Cuba en 1961 y se radicaron en la ciudad de Nueva York. Gladys sigue siendo una persona muy vital, que disfruta su vida, su estrecha relación con su familia y los muchos amigos con quienes comparten. Ella y su esposo gustan de toda la música latinoamericana, y se mantienen al tanto del cine cubano.

NELSON GONZÁLEZ tiene una posición de alta responsabilidad en una empresa norteamericana. Reside en la ciudad de Nueva York con Jim, su compañero de vida, cumpliendo ya más de dieciocho años juntos.

LUZ GONZÁLEZ es una activista puertorriqueña en el estado de Connecticut en el campo de servicios sociales para la comunidad latina. Como administradora de una agencia comunitaria, Luz tiene una distinguida carrera de pionera y organizadora de iniciativas que han beneficiado a las comunidades minoritarias en esa región.

LEONOR HOLMSTROM nació en el estado de Sonora, México, donde cursó estudios en francés y arte dramática. Emigró a los Estados Unidos donde conoció a su esposo. Siempre muy activa, Leonor forma parte de PFLAG en español, en el cual desempeña una labor de educación conversando con los padres y madres de hijas lesbianas e hijos gay, al igual que en grupos comunitarios y conferencias a través del país.

JORGE IRIZARRY-VIZCARRONDO nació en Puerto Rico donde ha sido un reconocido activista de los derechos humanos, editor de la revista *Sal'Pa Fuera* y contribuyente *del San Juan Star*. Tambien ayudó a fundar el capítulo de Puerto Rico de Act-Up y co-fundador de la Coalición Orgullo Arcoiris (COA) la cual por 7 años ha organizado la gran parada GLBT de Puerto Rico. Luego de graduarse de la Universidad de Puerto Rico, se mudó a New York donde obtuvo su Juris Doctor en la escuela de derecho Benjamin N. Cardozo. Actualmente reside en el Bronx y sigue como activista de derechos humanos.

EVELYN MANTILLA es representante legislativa del estado de Connecticut que se identifica abiertamente como mujer bisexual. Nació en Caguas, Puerto Rico, y actualmente reside en el estado de CT con su compañera de vida, Babette. Su carrera política se ha distinguido por su árduo trabajo dedicado a proteger los derechos de nuestro pueblo y el amplio apoyo de sus constituyentes, a pesar de los intentos de sus detractores de calumniarla debido a su orientación sexual.

JAIME MANRIQUE nació en Barranquilla, Colombia, y emigró a Nueva York a la edad de 13 años. Jaime es un renombrado novelista y poeta que ha recibido premios en su país y en los Estados Unidos; como el premio nacional de poesía Eduardo Cote Lamus, y últimamente, de la prestigiosa fundación Guggenheim. Entre sus libros se encuentran las novelas *Colombian Gold, Latin Moon in Manhattan* y *Twilight at the Equator*; y *Eminent Maricones Arenas, Lorca, Puig, and Me*. Su poesía incluye la colección *Mi noche con García Lorca/My Night with Federico García Lorca*. Además de ser el autor de numerosos artículos, editor de antologías, y librettos de ópera y musicales, Jaime es profesor de literatura y creación literaria en diversas universidades, inclusive Columbia University, Mount Holyoke College, y Eugene Lang College of The New School.

EMELINA MARTÍNEZ, madre de hijas mellizas, nació en Cuba y emigró a los Estados Unidos cuando joven. Emelina trabajó en una factoría en el estado de New Jersey, para mudarse después con sus dos hijas, con quienes siempre ha sido muy unida, para la ciudad de Hialeah, en La Florida.

EMY MARTÍNEZ, cubana, nacida en los Estados Unidos, ha trabajado como activista por los derechos humanos y contra el SIDA en Miami, y actualmente reside en Washington, D.C., donde sigue desempeñando su labor de activista en las oficinas de LLEGÓ, la Organización Nacional de Lesbianas y Gays Latinos/as.

GLORIA PEÑALOSA nació en California de padres mexicanos. Habiéndose criado en un ambiente estricto y religioso, ella se ha dedicado a proveerles lo mejor a sus cuatro hijos. Ella es la madre de la activista, Patty Palintz, y tambien tiene cuatro nietos y cuatro biznietos.

FAUSTINO PIFFERRER nació en Cuba y emigró a los Estados Unidos donde formó su familia. Actualmente, vive en La Florida y se encuentra muy feliz, estando en frecuente contacto con su familia, y en particular, su hijo Ray.

RAYMOND PIFFERRER, M. ED., nació en la ciudad de New York en 1967. El es el fundador y consultante principal de una empresa que se especializa en diseño de instrucción y entrenamiento para organizaciones multiculturales. Con catorce años de experiencia, Raymond se especializa en asuntos de diversidad cultural. También es un cómico y artista de drag como su alter-ego, Coco López, y actualmente se encuentra planeando su tercera carrera como escritor cómico.

FABIOLA RESTREPO nació en Colombia y reside de hace muchos años en La Florida. Reconociendo la gran labor política y cultural que desempeña su hija, tatiana de la tierra, ha publicado un ensayo sobre sus sentimientos como madre de una lesbiana latina, en la revista *esto no tiene nombre*.

IRIS RODRÍGUEZ es puertorriqueña; cursó sus estudios de secretariado general en Puerto Rico. En 1945 emigró a los Estados Unidos donde conoció a su esposo. Iris es madre de tres hijos, uno de los cuales es policía en la ciudad de Nueva York. Actualmente tiene una nieta y dos nietos. Iris siempre ha disfrutado mucho la literatura y la música, especialmente la música de Puerto Rico y de los mariachis mexicanos.

JUÁN RODRÍGUEZ, nacido en México y criado en los Estados Unidos, fue un miembro muy querido de la comunidad latina, desde San Francisco hasta Washington, D.C., enfocando su activismo en abogar por los derechos de Latinos/as viviendo con SIDA. Juán fallecio en diciembre de 1999. En julio de 2000, fue honrado con la Building Bridges Award, presentado por LLEGO y GLO en San Diego, durante la conferencia annual de La Raza.

PAULINA RODRÍGUEZ y su familia son de Zacatecas, México. Han vivido en los Estados Unidos desde hace más de 35 años, primero en el estado de Tejas, y despues en Escondido, California. Paulina y su esposo tuvieron seis hijos, tres hombres y tres mujeres, habiendo perdido a su hijo Juán en diciembre de 1999. Paulina se preocupa de que los padres latinos se eduquen para que puedan conversar con sus hijos, ya sean heterosexuales, bisexuales, u homosexuales, para aconsejarles que se cuiden y vivan una vida feliz.

ADRIANA CARMONA DE ROMO, chilena, imigrante a los Estados Unidos desde 1966, es madre de tres hijos, Mariana, Claudia, y John David, y tiene también un nieto, John Christian. Adriana estudió de adulta en la Universidad de Connecticut y se recibió de bachiller de arte en 1983. Es pintora, y siempre ha disfrutado el arte en todas sus formas. Ultimamente, se ha dedicado a escribir sus memorias de su niñez en Chile, y a investigar la genealogía de ambas ramas de su familia. Vive con su esposo en New York City, y se considera una "internet junkie".

JUÁN JOSÉ ROMO, nació en Valdivia, Chile. Fue pintor desde joven, y tanto en Chile como en los Estados Unidos trabajó en un sinnúmero de ocupaciones, algunas conectadas con el arte, con el diseño y el comercio, para mantener a su familia. Actualmente es retirado, y es estudiante de ingenieria en City College, Nueva York, donde puede finalmente dedicarse a desarrollar el proyecto de aerodinámica que ha sido su sueño desde siempre.

TERESA SÁNCHEZ-CORNEJO nació en San Diego, CA, en 1946, el 12 de diciembre, día de la Virgen de Guadalupe. (Su segundo nombre es Guadalupe). La madre de dos hijas, y abuela de tres nietos, Teresa vive en San Diego donde trabaja con casos de infertilidad, y con obstétrica de alto riesgo. Su manera de contribuir a la comunidad por su educación de enfermera, es a través de su trabajo voluntario con el departamento de policía de San Diego en intervención de crisis.

ILEANA STRAUSS nació en Honduras y emigró a los Estados Unidos a la edad de quince años con su madre. Cursó sus estudios en Los Angeles y titulándose de enfermera, se ha dedicado a la profesión que añoró desde pequeña. Siendo la madre de una hija lesbiana y una hija bisexual, Iliana apoya a todos los jóvenes gay conversado con ellos, y con otros padres y madres al respecto.

JUAN ANTONIO TOLEDO MARTÍNEZ, mejor conocido por Cano Toledo, es nacido y criado en Camuy, Puerto Rico. Vivió en Brooklyn, Nueva York de 1961-64 y regresó a Puerto Rico donde terminó un bachillerato. Su militancia política lo llevó a rechazar trabajar con la empresa privada y terminó varias licencias de maestro. Ha enseñado inglés e historia en todos los niveles en el sistema de educación pública de Puerto Rico durante los últimos treinta años. Actualmente enseña un curso de cooperativismo y otro de relaciones obrero-patronales en la escuela superior de Camuy. Es divorciado con cinco hijos. Reside en Camuy con Rosa, su compañera de hace diez años, que también es maestra.

MARIANA TOLEDO-HERMINA es una joven activista comprometida a crear espacios seguros para la gente maricona. Ha trabajado a nivel nacional organizando comunidades, educando a la gente a su alrededor, y educándose a traves de ellas/os. Es una fiel creyente del valor de la solidaridad. Mariana Toledo-Hermina is a youth activist committed to creating safer spaces for queer gente. She has worked on a national level doing community organizing and works everyday educating those around her and being educated by them. She is a firm believer in the value of solidarity and treasures her passion for it.

LOLÍN VIZCARRONDO es oriunda de Carolina, Puerto Rico. Lolín ha sido siempre muy activa en la educación de sus cuatro hijos, inculcándoles el respeto y el orgullo de quienes son. Amante de la literatura desde joven, asiste hoy a los institutos de cultura donde se la invita a recitar la poesía afro-antillana que compuso su padre.

MARIANA ROMO-CARMONA, (Santiago, Chile, 31 de agosto, 1952) es la madre de un único hijo, John Christian. Ella es la autora de la novela *Living at Night*; la colección de cuentos *Speaking like an Immigrant*; y co-editora de las antologías *Cuentos: Stories by Latinas, Conditions*, y *Queer City*. Mariana está escribiendo una segunda novela en inglés; su novela inédita en español se titula *Lo que queda en la memoria,* y trata del destierro y la homofobia culturales. Dentro de su trabajo comunitario, fue co-fundadora de diversas organizaciones como Las Buenas Amigas y *COLORLife!* Magazine. Actualmente es profesora en el programa graduado de Goddard College, y en el Queens College Extension Center. Reside en Nueva York con su compañera de vida, June.